U0927454

主　编　何海明

副主编　马　澈

时间战场 II

内容创业心法

Time Battlefield

中国传媒大学广告学院　腾讯媒体研究院　出品

中国财经出版传媒集团

经济科学出版社
Economic Science Press

图书在版编目（CIP）数据

时间战场．Ⅱ，内容创业心法/何海明主编．—北京：经济科学出版社，2019. 9

ISBN 978 - 7 - 5218 - 0854 - 4

Ⅰ．①时…　Ⅱ．①何…　Ⅲ．①传播媒介 - 研究　Ⅳ．①G206. 2

中国版本图书馆 CIP 数据核字（2019）第 183320 号

责任编辑：于海汛　李　林
责任校对：靳玉环
责任印制：李　鹏

时间战场Ⅱ：内容创业心法

中国传媒大学广告学院
腾讯媒体研究院　出　品

何海明　主　编
马　澈　副主编

经济科学出版社出版、发行　新华书店经销
社址：北京市海淀区阜成路甲 28 号　邮编：100142
总编部电话：010 - 88191217　发行部电话：010 - 88191522
网址：www. esp. com. cn
电子邮件：esp@ esp. com. cn
天猫网店：经济科学出版社旗舰店
网址：http：//jjkxcbs. tmall. com
北京季蜂印刷有限公司印装
710 × 1000　16 开　12. 75 印张　220000 字
2019 年 9 月第 1 版　2019 年 9 月第 1 次印刷
ISBN 978 - 7 - 5218 - 0854 - 4　定价：56. 00 元
（图书出现印装问题，本社负责调换。电话：010 - 88191510）

《时间战场Ⅱ：内容创业心法》

编　委　会

序一

关于大学教育，我十分欣赏一种观点，“大学的本质，在于把一群最优秀的青年人聚集在一起，让他们的创造力相互激励，产生使他们终身受益的智慧”。这个观点，对大学至少提出了两点要求，一是大学应该激发活力、创新性和创造力，二是大学应当汇聚优秀的人才。

这是一个快速变化的时代，是一个“大众创业、万众创新”的时代。很多人渴望创业，大学也在鼓励创新。对于大学，创业和创新必须讲，但很难教。创业和创新往往不是一个理论、一条路径、一种模式。在青年人判断适不适合创业、如何进行创新之前，至少应该多认识创业和创新，尤其是认识所处行业、所学领域多种多样的创业和创新。

于是，中国传媒大学广告学院在何海明教授团队的组织下，开设了“新媒体创业与创新”课程。这门课的设想是：与其讲理论，不如讲方法；与其泛泛讲，不如结合行业讲；与其大学老师讲，不如创业者来讲。这门课由何海明教授团队设定框架，从新媒体、互联网行业的主要赛道中选取代表性的企业，邀请主要创始人或管理者来讲授。

这门课是大学的一次尝试，目前已开办两期，共邀请到将近40位创业者、管理者（其中不少也都是青年人才），分享各自创业的经验和思考。我得到的反馈是，这门课很受欢迎，学生们聚集到课堂，近距离地聆听并展开对话，既感受到前辈们的创业勇气、创新精神，得到激励，又收获了行业的深度见解。这不就是大学教育的一种可能性吗？

大学和社会也存在一种担心，学生们多听业界的分享是不是一件好事？其实，创业不一定成功，学生们从创业维艰的故事中，会懂得敬畏。创业者个体的经验不一定正确，从某个时间点的成功者和失败者身上，更重要的是学到创业与创新的思维过程和方式。

基于这门课程的关注和讨论不只局限在大学之内，多元的对话和批判的思考也非常重要。《时间战场Ⅱ：内容创业心法》现已出版成书，贡献给社会，就是提供了一份研究的样本，期望引发所有读者们的思考和批评。

面对趋势，我常说“用十年的眼光看两年的发展”。面对创业和创新，我认为应该“用十年的时间看两年的历史”，这套书留作存档，记录了这几年新媒体、互联网创业者的群像和思想，值得我们在接下来的时间阅读、反思和超越。

丁俊杰
中国传媒大学广告学院院长
2019 年 4 月

序二

海明是我在中央电视台合作过多年的亲密同事。当他选择离开工作了二十多年的央视，转型回到他的母校中国传媒大学教书育人时，他曾对我说：这是我多年的愿望。

其实，他是有备而去。

到中国传媒大学后不久，他就开设了一门“新媒体创业与创新”课程。此课先后延请了几十位不同领域的顶级管理者以及新媒体的创业者来为学生授课。课程也同时在颇具影响力的网络平台直播，一时间受到了学生和广大网友的广泛赞誉和追捧。每次授课现场都是人满为患，一座难求，中国传媒大学把他的这门课列为全校的公选课。这门课也成了学校最棒的新媒体创业课。

与这本书中被海明请来授课的15位新媒体创业者一样，海明的成功转型本身，其实也是融媒体时代一个传统媒体从业者的一次新媒体的创业、一次成功的突围。他的课程，也是全媒体时代传统教育方式改造的一种全新探索。

在当下这个大变革的时代，知识传播与以往相比，已经有了完全不同的形态与意义。相对封闭、自成一体的传媒行业将不复存在，“传媒＋”成为社会高度媒介化的必然。此时，传播怎样的内容，以怎样的方式传播，对于处在媒体研究前沿的大学教授来讲，是一个必须思考的重大课题。创新固然可贵，但建构更加具有超越性和时代性。我以为，海明所做的这一切，不仅是创新，更是具有建构的价值，对传统媒体的传播形态和教育行业的改造更新都有启示意义。

海明通过一门课程的实践，建构了一个全方位的融媒体知识传播体系：

他利用传统媒体从业数十年所积累的专业视野和丰富人脉，精选出适合培养面向未来、面向社会的复合型人才所需要的授课者，并且调动各种资源把如此之多的名人邀请到课堂上，专门针对学生的需求组织授课内容。同时，他还独具匠心地挑选富有相当社会影响力和知名度的主持人来作课堂对话者。这极大丰富了授课形态，彻底改变了传统教室的授课模式，几乎是以制作电视高端对话节目的思维高度来策划设计整个课程。

在传媒大众化、泥沙俱下的知识快餐速食时代，保持内容品质极为不易。但由于这门课的授课者均为在企业经营和新媒体创业中引领潮流的顶尖精英，他们所带来的知识，极为专精和富有启示性，既前沿又实用。这充分保障了相当高的课程内容品质。

同时，他打破传统课程的校园传播局限，引入几大平台网络直播形式，开门授课，使广大求知若渴的年轻人也能参与和免费共享大学里传授的专业知识，并在互联网的云端以音频、视频等方式使知识以几何级数增长传播。

他用锻造品牌的方式锻造这门课程，使课程的营销也成为范例：因为课程极高的质量和融媒体传播力，使所有课程均有热心教育的赞助者提供支持，从而既保证了课程的高质量，也给学校减轻了经济负担。

一门课，实现了多方共赢的局面，将知识传播效益最大化，这充分体现了海明融合、交叉和跨界的视角、眼光，以及实现各种媒介资源、生产要素有效整合，各种信息内容、平台终端共融互通的能力。或者不客气地说，他正是全媒体时代，大学校园里富有融合意识和创新精神的复合型传媒教育人才。

海明转型仅仅 3 年，就做出如此成绩，我其实一点也不惊讶。这既是考验他的眼界和知识结构，更是考验他的人格修为。

他是一个诚恳仁义的谦谦君子。记得一位知名企业家曾遭遇困境，海明第一时间专程飞去看望鼓励，送上祝福。此事令以后东山再起的这位企业家念念不忘，曾多次对我提起。这些年来，无论是政治风向变化，还是商场上的跌宕起伏，他总能平和对待，这样的处世态度，使他交到了一些彼此赏识的真心朋友。

他也是一个开放而求知若渴的人。在央视从业，又担任重要部门的领导，是很容易以老大自居，从而唯我独尊，趋于保守封闭的。而海明一向对所有合作者都抱持平等尊重态度，对前沿的新趋势、新理念、新知识一直保持极为开放和热切的关注。彼时，他定期邀请各领域领军人物和专家来为员工们授课交流已是常态。这使他和他的同事都获益匪浅。多年后，他的很多部下，都发展成为具有极强进取心和竞争力的优秀跨界人才。

现在，海明还要进一步拓展知识的传播平台，以文字的方式把这些有益的内容沉淀在最传统和古老的媒体介质——图书上，使人们能得以反复阅读思考，让这门课程的价值向更为广阔的空间延展，这也是对一个教育工作者最有价值的奖赏吧。

因着这些，我相信，凡读到这本书的读者，都有理由对何海明教授未来的作为有更多的期待。

程　宏

中央电视台原副总编辑

2019 年 4 月 6 日

导　读

这本书是我到中国传媒大学后主编的第四本书，也是《时间战场》系列的第二辑，是根据2018年度新媒体领域特别是内容创业领域风云人物在中国传媒大学公开课上的讲述以及与主持人的对话整理而成。2018年《时间战场》第一辑出版后广受好评，这激励了我们。这一辑我们和腾讯媒体研究院合作，并得到汾酒集团和阿尔卑斯饮品的大力支持，课程在腾讯新闻直播，数万朋友和中国传媒大学的学生一起分享了这门公开课。

这一期我们请来了十五位嘉宾，最后征求嘉宾的意见，共有十四位同意出版，中国传媒大学广告学院马澈老师带团队整理成稿，并将本书按体系分为内容创业篇、IP打造篇、平台探索篇、商业创新篇四部分。

一、内容创业篇

樊登是个传奇人物，西安交通大学毕业的理工男，国际大专辩论会的冠军成员，曾是北京交通大学的老师，中央电视台的主持人，后来也读了北京师范大学的博士。他创立的樊登读书会，提倡“全民阅读”，每年一起读50本书，帮助中国3亿人养成读书习惯，会员已达690万，在全球有1700多个分会。听说我们要开“新媒体创业与创新”课，朋友建议，你得请樊登，他很成功。

樊登在中国传媒大学的讲课很生动，他说：“我的创业经历完全可以复制，因为创业中我没有投过一分钱。”和一些大学生拿父母的积蓄或抵押家庭房产创业相比，这的确很吸引人。樊登说他发现了一个问题，这个世界上人们大量的烦恼就是想得太多而读书太少，但人们的大多数困惑能通过读书解决，人们是可以通过读书改变生活。樊登提出了创业中价值假设的问题，要验证创业者解决的是真问题还是虚假问题。樊登认为做生意的架构一定要回归到原始的第一性，就是把原理想明白，给别人带去价值；他认为任何商业秘籍和各种领导力手段都难以复制，真正有效的东西是反脆弱能力，是在不确定事件中获益的能力；一个人能不能够创业成功，核心就在于他有没有足够强的非对称交易的能力，把边际成本做到零的互联网公司是最好的例证。他说年轻人创业要有情怀，因为情怀反脆弱；他说任何一个标签化的人生都一定会面临着崩塌的危险。樊登通过读书帮助别人，实现财富自由，这是古往今来多少读书人的梦想，赶上了互联网时代，“樊登们”做到了。樊登说创业赔钱也痛苦，赚钱也痛苦，那为什么要创业？他说要把创业当作一个修炼的过程。

与读书有关，我们请来了十点文化传播公司的创始人林少，他的十点读书 App 已有 4000 万用户了。这位“80 后”在大学主修机械制造专业，因为喜欢读书和传播，他走上了创业之路。十点读书的商业模式是内容付费加电商加新零售。十点读书已经成为中国最大的女性成长技能型课堂。

林少总结的创业六条值得一读。他引用雷军的创业七字诀：专注、极致、口碑、快；他认同长期主义，认为如果公司的目标放到未来七年，就很少有公司和你竞争了；他认为公司的高管如果没有战略、管理的经验，不妨做一个很好的执行者；要坚信大趋势，坚信文化产业的发展机遇并能找到给我们战略帮助的投资人。林少说：“人活着就是追求极致，创造美好的东西并分享给同类。”

姚飞博士是核桃 LIVE 的创始人兼 CEO，曾是央视财经频道的资深调查记者和主编。姚飞的核桃 LIVE 赶上了知识付费创业的末班车，以视频知识付费、高品质的内容提供方及 MCN 机构为公司的定位。姚飞的讲课十分接地气，可操作性很强。她讲述有效课程内容生产机制流程以及如何打造以关键意见领袖（KOL）为核心的优质知识 IP。核桃 LIVE 已有两轮融资，收支平衡，度过了最艰难的创业时期。姚飞给学生阐述内容创业的六个迷思：什么是用户的刚需？头部是否仅以流量来判断？视频是否越精致越好？自己做还是以第三方平台为主？融资越多越好吗？创业前期的管理重要吗？感谢姚飞毫无保留的分享，姚飞在讲课结束时引述了一句犹太人的格言：“生活其实没有问题，有的只是不断成长的机会。”

如何看自媒体的价值、寻找自媒体运营的规律，我们请来了新媒体排行榜（新榜）创始人，看榜科技 CEO 徐达内。徐达内是传统媒体人出身，曾就职于《文汇报》《东方早报》，对新旧媒体都很熟悉。在中国传媒大学的创业课堂上，徐达内回顾了互联网内容创业的历程，发现标志性的人和事件无一不附着在具体的渠道上，如博客女王、微博女王、微信女王、抖音女王，因此他认为渠道为王、内容为后。徐达内总结了内容创作的套路，如爆文是建立在特定的人群基础上，对的内容和套路要用在对的人身上；人们运用内容创作心理学，捕获消费者心智，完成从 CP 到 IP 的关键跃迁。本篇的最后，徐达内阐述了内容创业的变现模式，即原生广告、内容电商和内容付费，从事内容创业者不可不读。

二、IP 打造篇

陈晓卿成名很早，是纪录片领域明星级导演，让他成为大众明星级人物的是他在央视期间制作的《舌尖上的中国》（1 & 2），他在中国传媒大学课堂上分享的内容是他到腾讯后刚刚杀青的纪录片《风味人间》，他从个人的创作经验中提炼了五大关键词：观众、故事、流程、传播及作品感。那天教室里座无虚席，他讲得深入浅出，即使没有纪录片创作经历的人也能听得津津有味。他的执念是优秀作品，这在任何平台都是稀缺的。

刘建宏曾是央视体育频道的名嘴，离开央视之后在乐视体育磨砺了四年，这次是以企鹅体育总裁的身份来到中国传媒大学课堂。他以 2018 年在世界杯足球赛期间制作的一档网络体育节目《新三味聊斋》为例，介绍如何制作互联网爆款节目。这一节是典型的案例课堂。他从传统媒体人转型的角度看互联网，坚信媒介演变的趋势。建宏无论在任何环境中都乐观、坚定，祝福建宏！

周洲是央视少儿频道的原主持人，2016 年创办了中国首个关注于父母教育的内容平台“有养”，为 0 ~ 12 岁孩子父母升级自我认知及育儿价值观。周洲在分析了网络内容后，发现父母教育的网综和短视频是空白，于是成立公司并获得融资，风生水起地干了起来。她总结能力极强，观点掷地有声。周洲认为网综节目是品牌扩音器，短视频矩阵沉淀深度用户。她的四个打破我至今记忆犹新：打破内容与广告营销的边界；打破垂直内容与知识传播的边界；打破观众和用户的边界；打破内容与产业的边界。这些观点是对传统媒介广告的革命，让我们这些所谓的广告科班汗颜。

三、平台探索篇

就读于北京邮电大学的张强，毕业后分配到上海电信并开始接触互联网，他也是上海热线的创建者之一，离开上海热线之后，他创业做游戏社区，开发网络游戏。在触网的过程中，他发现网络时代没有一个音频平台，这是一个空白的市场，于是就创办了蜻蜓FM，专注有声书市场，购买优质版权，打造网络音频IP。张强研究了音频免费和付费的逻辑，探索音频的细分领域。做平台还是做内容，做硬件还是聚焦场景和内容，张强娓娓道来。蜻蜓FM目前已有3亿用户，张强已经是名副其实的传媒大亨了。

36氪的合伙人副总裁李政曾就职于新浪、网易两家顶尖互联网公司，是个年轻的互联网老人了。36氪集团的愿景是打造国际领先的科技创新创业生态服务体系，旗下36氪传媒的使命是“让一部分人先看到未来”，为中国科技创业投资和专业人士提供全球科技创新最前沿的资讯。李政分析新媒体和传统媒体的差异之后，阐述36氪的商业模式即三个提升：技术升级，通过技术促进内容生产各个环节，提升效率，优化内容生产和传播路径；流量升级，用各种方式聚集、引导、下沉流量，实现商业转化；服务升级，把企业从一个信息制造商变成一个信息服务商。

在平台探索的最后一讲，我们请来了豆果美食的创始人王宇翔。王宇翔是知名的互联网产品经理。2011年选择美食作为切入点，创办了豆果美食。创业七年，豆果美食已能给用户提供100万道海量美食菜谱。有了好的内容，就要把优质内容推给需要的人群，并让内容本身具有差异化的价值，这是王宇翔讲的内容转型的三部曲，他详细阐述了豆果美食在运营中高质量、差异化和商业化的操作手段。他说互联网创业既可以做工具，也可以做服务，对于豆果来说，是要坚决做服务。

四、商业创新篇

新媒体创业和创新一般都是年轻人的天下，但这次我们邀请了一位年长者，他是北京云途时代影业科技公司的创办人高群耀。这位改革开放后的第一届大学生，曾有过辉煌的求学和从业经历，是美国加州大学工程力学的博士，曾任微软中国区总裁，万达文化集团高级副总裁兼国际事业部首席执行官，好莱坞传奇影业公司的CEO，显然他不属于草根创业。他讲的是移动时代电影的变量与增量。但我在现场感受最深的是他对人生和创业的观点。他说："人生就是一场赛跑，如果不认命那就拼命。"他认为积极参与和驱动变化的人，往往是在变化过程中脱颖而出的受益者。在分享课的最后，他说："于我而言，奔跑和创业是我二进制的一种生活方式，更主要是增加生命的厚度，能让这个时代更生动，也让自己更非凡。"

天脉聚源的创始人伍昕的人生完全是这个时代家长们推崇的"别人家的孩子"，北京人，剑桥大学三一学院数学系本科毕业后又修了剑桥三一学院的艺术硕士，然后回国创业，他创办的天脉聚源是国内领先的TV+电视互动高科技企业，在云计算和新媒体技术服务的基础上，搭建了中国独特的视频云搜索平台。伍昕到中国传媒大学创业课堂分享的题目是"从交易体系思考媒体"，这位高才生推崇学生在大学期间多思考，鼓励"白日梦"。他认为如果把信息和交易变成两个指数的话，可以看出一个社会或者国家发展的成熟程度和复杂程度。交易方式的创新和变革对社会产生巨大的变革动力。广告资产化是媒体高效交易模式的第一步。天脉聚源要做的是打造真正的广告交易平台。伍昕给同学们分享了他对成功的五个层次的定义。他认为创业是不可控的博弈战，对创业这件事要有敬畏，因为创业本身就是一个重要的决定，一个重大的选择。

我在农展馆的北京设计周上认识了洛可可董事长，洛客共享设计平台的创始人贾伟。北京设计周上洛可可的工业设计占了很大比重，可见这是一家非常厉害的公司，后来又听了他的演讲，发现这位美院毕业的设计师文化底蕴很厚，口才又好，于是邀请他来中国传媒大学分享。

贾伟认为想象力是世界的灵魂，如果一个创业者用想象力来创业并不会那么艰辛。如果创业者用资源、关系、资金等创业，实际上比用想象力创业难很多。在以设计为生创业十年后，洛可可在全国的员工达到了1000人，他发现公司的发展成了瓶颈，于是他改变了公司的发展轨迹，要带公司成为全球最大的社会化产品创新平台，把平台、设计师、生产者连接在一起，改变人们的生活方式和工作方式。1000 万设计师，100 万生产者，1 亿用户，这是洛客伟大的构想，互联网时代不断催生伟大的企业，期待贾伟和他的公司！

教育是一个比传媒行业还要大的赛道，因为它涉及千家万户的学生家庭。在教育培训这个行业中出名的有新东方、学而思，分别以英语和数学的培训见长，我们这堂课请来了立思辰大语文创始人窦昕。窦昕，人称“窦神”，出生于甘肃天水的语文世家，高考语文本省最高分，从 2008 年开始创立大语文课程体系。立思辰大语文的定位是打造一个文字、文学、文史、文化的课程，窦昕把这门课程打造成一款明星产品，他认为要做好四件事：选场景、选客户、选需求、定产品。窦昕说他有五个梦想：有趣的课程、有效的体系、扩展到全国、延伸到校内、走向世界。有梦想、有情怀、有好的商业模式，保证了窦昕和立思辰大语文的成功，讲课的前一天，窦昕被任命为立思辰总裁，这家上市十年的公司通过窦昕和他的团队的努力实现了华丽转型。

创业课的最后一课我们想请一位投资人，因为创业离不开投资。经央视主持人章艳介绍，我们请来了青山资本创始合伙人张野，这位中国新锐投资人代表从内到外都光鲜亮丽，莫斯科柴可夫斯基音乐学院作曲硕士，清华五道口金融学院金融学硕士，美国康奈尔大学 MBA。在中国传媒大学他从最基础讲起，讲天使投资、VC、PE 的区别，讲如何吸引天使投资，如何写商业计划书，如何与投资人交流。新媒体创业他认为要把握两个风口，一是新渠道带来的流量红利，二是社会心理变化带来的内容新需求红利。他认为投资企业要聚焦时代特性，在资本寒冬要选好行业，管理好预期，提前预判。有创业想法和启动创业者，本篇值得一读。

我们还请来了《奇葩说》的辩手——米果文化的董事长马薇薇，她讲的知识付费的“第二航程”也很好，但根据其本人的意见，没有放在本书中，有些遗憾。

著名主持人李小萌、赵音奇对十五期讲课嘉宾做了现场访谈，他们对每位嘉宾的背景做了功课，又仔细聆听他们的分享，因此从容与嘉宾对话，创业也是这两位主持人的另一种状态，我们记录整理了主持人、现场学生与创业者的对话。

不知不觉，新媒体创业创新课已经结束了第二期，中国传媒大学领导也很重视这门课，把它列为全校的通识课，也就是说全校各个专业的学生都可选修这门课。腾讯媒体研究院梁姗姗、罗美丽等年轻的伙伴也和我们一起联手做课程做案例。可以说这门课、这本书是学校和社会各界联合的产品。这也坚定了我们将创业创新课长期做下去的想法。中华民族是对教育极为重视的民族，无论是基于知识改变命运的诉求还是提升下一代素质的要求，社会对中国的教育尤其是高等教育寄予了很高的期望，从每年50多万的自费留学生这一庞大的人群看来，显然我们没有让中国的家长和孩子很满意。是教育观念、知识更新还是教育方式，我们肯定存在着一些问题，这的确是供给侧出现了问题。作为一名普通教授，我只能做一点力所能及的实验，希望能有所小小的推动。为这本书作序的是我两位兄长般的领导，丁俊杰院长是影响传媒界、广告界的风云人物。他敏锐地洞察、深刻地总结传媒行业的变化，对我在新媒体教学的实践一路呵护扶持。程宏先生是我在央视的老领导，他博览群书、思想开明，在为人处世方面是我的楷模和导师，在序言中对我和所从事工作的溢美之词，其实不是对我的褒奖，而是他对我的期许和鞭策。最后感谢所有的讲课嘉宾，感谢合作方、赞助企业、感谢教学团队和直播团队，你们的付出为更多的青年学生打开了一扇门，也许他们的命运从此改变。

何海明
中国传媒大学

目录 CONTENTS

内容创业篇

IP 打造篇

平台探索篇

商业创新篇

内容创业篇

低风险创业可以实现

对话樊登

把读书这个事做大

对话林少

知识 IP 的打造与迷思

对话姚飞

内容创业的“套路”与“商路”

对话徐达内

低风险创业可以实现

樊　登

樊登读书创始人

创业就是解决问题

我的创业经历完全可以复制，因为我没有投过一分钱。

很多人会觉得创业需要花钱，但我认识特别多的创业者，没有谁是事先有了巨款才去创业。反过来，有了很多钱后再创业风险会变得很大。创业一定来自你想要解决一个社会问题，而不是来自你过去会什么。

当发现这个社会问题放在那没解决，心里会不舒服。尽管一开始不知道这个问题能否解决，但在做的过程中不断改变自己的能量，从而提升、变化，直到最后，找到了一个可以解决这个社会问题的方法，这才是创业的过程——创业绝不是贩售自己已有的技能。不要过度期望大学能够教会你什么，大四毕业的时候如果觉得自己什么都不会，这也很正常。因为接下来才是一个开始学习的过程，是一边干活、一边工作、一边学习的过程。

在北京交通大学当老师期间，我因为比较会讲而成为一个培训师。最高峰的时候讲一天课能挣几万块，算老师里收入还可以的，但是因为我所有收入都和时间挂钩，边际成本特别高，导致我的生活质量就大幅下降，一天到晚都在讲课。

当时想着，怎样才能不这么费劲地去挣钱？但光想解决自己的事，这只是自己的需求，只是创业的动力和需求，不是社会问题。然后我发现了一个商机，我在大学上课，好些企业家会来让我推荐一个书单。但是他们买了之后却不看，没时间或看不懂。这就是一个普遍的社会问题，我们整个社会的阅读能力在不断地下降，而这个世界上大量存在的烦恼就是因为想得太多而读书太少。我始终认为，在生活中有任何问题得不到解决，不要自己一个人痛苦，去找一本书看，一定能够解决。我的大多数困惑都能通过读书解决，从书中收获特别多，所以我想去解决这个“社会问题”，特别希望大家能够通过读书来改变自己的生活。

价值假设和增长假设

在解决读书这个“社会问题”的过程中，我发现其实并非所有人都具备同样的读书能力，于是就想有没有一个办法能够把我“读书的能力”卖出去。当时我做了一件事，把读过的书提炼出精华，写成一个 PPT，通过电子邮件的方式发给我的学生，一年发五十本书的精华，收费三百块钱。后来发现他们付了费，但大多数还是没看。所以，发读书精华的方式没有解决人们不读书的问题。

但这并不代表失败，因为这件事验证了价值假设。任何创业的第一步，一定是能够找到一个真问题，而不是假问题。想知道找到的是否是个真问题，那就得验证它的价值，验证是否有人愿意花钱买这个服务，就叫价值假设。很多创业行为，到最后发现彻底失败，就是因为想要解决的是一个虚假问题，许多发明人因为没有做过任何验证工作就投入几百万以致后期亏空。当我一开始用发电子邮件这种方式做测试的时候，尽管没有成功，没有解决读书的问题，但却验证了有人愿意为这件事买单。

所以不要轻易地做判断，否则要么就错失了创业良机，要么就跳进一个深坑出不来。没有人能准确判断，但我常遇到一些人问我他们项目的可行性。我思考的过程才几秒钟，怎么能判断它行不行？任何创业的“教父”“牛人”，都错失过大量的好机会，所以不能够轻易地判断。

创业第一步，首先是验证价值假设。投资的时候，投发明人创业一般难以成功，他们创业不是为了解决一个社会问题，而是把一切专注点放在那至爱的发明上。如果我们以后鼓捣出一个好玩的东西，一定切记解决问题的思路过程，得做好随时抛弃它的准备，因为问题才是最重要的，而不是这个发明才重要。

当我一开始用发电子邮件的方式做测试的时候，虽然没有成功，并没有解决读书的问题，但是验证了这件事的价值。知识付费不是我凭空想出来的，而是我通过电子邮件这件事摸索出来的。电子邮件解决不了这个问题，我组建了一个微信群，给大家讲书。这个讲书的微信群好评如潮，好评出来后有更多人想听、想加入。一周时间，一个群变成两个群，这在学术上叫做增长假设。一个生意验证了价值假设，验证了增长假设，这个生意基本可以做成。然后用反脆弱的方式开始工作，基本上不太会赔钱。

我们从微信群做到公众号，又做了 App，一步一步做到今天，没有投过一分钱。我们用了两三年的时间孵化了十个公司，也没有一个公司赔钱。

第一性

在最开始的时候，有朋友劝我做免费内容，先免费做到跟其他大平台的粉丝量一样多，然后给粉丝卖各种产品，把钱挣回来。广告学有一次销售和二次销售的概念，把节目发售下去叫一次销售，观众看了以后再通过节目卖广告是二次销售。但我总觉得二次销售的业务都是非常糟糕和痛苦的事情，并坚信如果内容给受众带来了改变，就应该付钱。

做生意的架构一定要回归到最原始的第一性。第一性不是惯性，不是别人都是这么做的，我也这样做。第一性就是把原理想明白，给别人带去价值，这就是最基本的原理。我每次只要把这个书中的道理一讲明白，就有好多人入会，那时会员增速主要都是我卖出来的。然后我会想，既然我能够卖掉，把卖的过程教给其他人，也一定能卖掉。

宝洁卖的洗发水一瓶才卖 20 块钱，还要有生产、物流、仓储的成本，还有可能过期退货，就只有十块钱不到的利润空间，竟然能够发展那么多的代理商。宝洁的利润空间那么薄，都能发展代理商，我们是不是也能发展代理商。但以前的惯性是，没有互联网企业靠代理商卖东西，大家就觉得好像不能这么玩。我没有任何这方面的包袱，就开始发展代理商，省级代理、市级代理、县级代理，跟卖洗衣粉一模一样的代理机构。代理商要拿出钱来，所以我们从头到尾不需要任何融资。公司一开始有 App 的时候，就收了几百万代理费，这些代理费又带来了很多的代理商。这就是樊登读书一开始设定的一套交易规则，目前成为几乎所有知识付费的标准形态。很多人做了一圈发现收钱太难，只有靠代理商帮着卖，才能把钱收回来。这就是我们所打造的一套商业逻辑。

反脆弱

商业是一个复杂的行为，没法通过简单模仿他人而重复别人的成功。在现实生活中很多问题就在于大量的人把复杂问题用简单化的方式处理。比如，父母培养孩子长大明明是一门复杂的科学，一个人长成什么样随时都会有变量，但很多父母认为这不是复杂科学，他们会认为孩子要想成功，最重要的是上最好的小学，上最好的中学和最好的大学。但复杂系统是不可模仿和不可复制的。

任何的商业秘籍、商业节奏，各种领导力的手段都是难以重复和复制的，真正能够有效的、始终帮你赚到钱的东西就是反脆弱的能力，是能在不确定的事件中获益的能力。所有的商业智慧核心记住反脆弱这三个字就够了。当我把一个玻璃杯扔在地上的时候它会摔碎，我们说这个玻璃杯是脆弱的；当我把一个铁球扔在地上的时候它不会摔碎，它在不确定中不变，这叫做牢固。丢下去弹起来，这个时候它在不确定当中可以获益。能够在不确定的事情当中获益的能力，就叫做反脆弱。

古希腊哲学家泰勒斯想挣钱，就去跟古希腊所有的榨油机厂谈，把那年的榨油机全包了。结果那一年天气特别好，橄榄丰收了，泰勒斯成为唯一的榨油厂商，成为希腊的首富。泰勒斯之所以能够成功，正是由于他掌握了反脆弱的技能。他交出去的钱是一笔定金，这也叫做非对称交易。如果那年橄榄没丰收，他的损失是有限的；橄榄丰收了，他的收入就是无限的。一个人能不能够创业成功，核心就在于他有没有足够强的非对称交易的能力，能不能抓住非对称交易的机会。所有成功的商业模型一定都是一条“微笑曲线”，而不是“瘪嘴曲线”。成功的商业模型是成本有限，而收入无限。

当投入那么多钱去做那些不能变动的东西，脆弱性就变得超高。这个世界也有一条通则，叫做黑天鹅事件一定会发生——黑天鹅事件不用考虑会不会发生，什么时候发生，因为它一定会发生，只是迟早而已。只能说黑天鹅事件一旦发生的时候，尽量保证自己是那个受益者，而不是那个受损的人。

对于商业而言，只有把一个产品的边际成本做到零，才会拥有真正的反脆弱性，而所有边际成本为零的生意都有一个共同的特点，只运营信息。Airbnb不需要拥有一间酒店，它只拥有信息；Uber不需要拥有一辆车，它只拥有信息；钢铁侠不需要拥有一个包，只需要运用形象就能卖钱；包括阿里腾讯都是只拥有信息。只运营信息，边际成本才能够做到零，然后进一步实现指数型增长。这就是我们说的反脆弱的原理。

反脆弱的原理，不仅仅存在于商业，对于我们个人成长也意味很多。一个年轻人在成长的过程当中一定要有情怀的追求，因为情怀是反脆弱的东西。如果一个人没有情怀，没有理想，人生当中所想到的是能不能够赚到很多钱买房，能不能成为一个什么样的人——把自己标签化，这样的人生会变得特别的脆弱。任何一个标签化的人生，都一定会面临着崩塌的危险，一定会面临着黑天鹅事件的发生。当人生窄化到一个方向时，你就变成了一个“东西”；反过来，如果你是一个“人”，就可以从任何一个不确定事件的发生过程中有所收获，才能不断地调整和学习，从而完善自己的人格。这样就会发现，无论生活中出现什么样的问题，你永远都是受益者。

创业即修炼

创业这件事情其实是很值得选择的一个方向。很多人创业失败了会特别痛苦，也有些人创业成功也很痛苦。如果一个人创业赔钱也痛苦，赚钱也很痛苦，那为什么要创业？有钱人有有钱人的痛苦，失败的人有失败的痛苦，只有一个破解的方法，把整个创业的过程当作一个修炼的经历，创业目的是为了让你成为一个人格更完善的人。在波峰的时候，可以修炼自己的耐心和谦逊；在低谷的时候，可以修炼自己的忍耐和毅力，无时无刻都是受益的，这就是反脆弱的特征。

一本哲学书里有个特别有趣的比喻，要学会跟苏格拉底一起打篮球。苏格拉底给年轻人讲智慧，讲他的哲学，最后被很多反对派论定为毒害年轻人，所以判苏格拉底死刑。苏格拉底在被判死刑后讲了一段话，他说：“我现在去死，而你们将活着，究竟谁更不幸？只有天知道。”苏格拉底又做了一个人生三段论的推理：所有人都会死，苏格拉底是人，所以苏格拉底会死。尽管他的学生买通了狱卒让他逃跑，他也依旧喝下毒芹汁安然去世。因为苏格拉底觉得人生中很多事是不能拿来交换的，就算法律判错了，他也要为了希腊去维护法律的尊严，所以他不愿意用生命做交换。

苏格拉底的一生实际上就是在打一场篮球赛，不过他的篮球比赛内容是喝毒芹汁，跟人辩论。打篮球的时候，对那个篮球没有意义，是人在开心和锻炼。不用那个篮球我们也可以假装动作，然后投篮。在人生中经历的各种事情，都可以是篮球赛，都是借着外部的环境修炼自己的身心，而外部的东西本身叫做可取的非必要之物，这也是古希腊的斯多葛学派的重要观点。

关于创业有几本书很重要。第一本叫做《精益创业》，书中说道，钱多的创业反而失败率非常高。钱多的时候，就容易追求虚荣性指标，这会把创业导向错误的方向。当手上没钱创业时，你做的每一件事都不能错，错了就是致命的毁灭，才能让我们做更正确的决定。另一本叫《指数型组织》，书中说组织增长不是对数型，也不是线型和钟型曲线，而是指数型增长。现在企业要做大，一般都是指数型增长，一开始比较慢，但快的时候就会特别迅速地增长。如果希望自己成为一个传播高手，也推荐一本书叫《疯传》，樊登读书会所有的传播动作几乎都是来自这本书。

很多人问我创业有没有遇到过特别大的困难？有没有“至暗时刻”？没有，我们基本上一路盈利都很好，每年差不多十倍左右的增长。我并没有别的创业经历，只是我们公司要求做的每一个决定，背后一定得有理论的支持，每个建议或者想法必须表明是从哪本书上看来的。有人认为书呆子才会这么做，尽管书上写的未必都对，但是总比自己想的强。

除了创业之外，在人生路上值得学习的东西还有更多。每当与别人交流从创业当中所学到的内容，我收获的核心就是要把创业视作是人生修炼的一个台阶和过程。创业和人生都是一个不断修炼的过程。

对话樊登

做一颗有益的知识胶囊

赵音奇：有人说把书讲给别人听，实际上是在贩卖知识胶囊，您怎么评价？

樊登：世界上有那么多胶囊，有一个知识胶囊也挺好的。胶囊也分有用没用，如果胶囊装的是坏东西，那这种贩卖就不值得提倡，假如胶囊装的是好东西，那就是对社会有益的，就像维生素一样。

赵音奇：所以您觉得胶囊带给大家的是可以真正解决他们的问题吗？

樊登：这个世界上有一种达克效应，越蠢的人越不知道自己蠢。还有一个五分之一效应，就是在这个世界上无论多么离谱的话，总有五分之一的人会信，这个特别足以警醒。所有的人在不知道的东西面前，就是完全无知的，也根本不知道这件事情需要学习。好多人会提很多特别莫名其妙的说法，比如说知识胶囊碎片化还贩卖焦虑，人们懒到找到任何一个理由都可以拒绝学习。

不知道很多事情，会带来损失痛苦。樊登读书会的任务绝对不是替代任何一个人的成长，而是帮每一个人撕开人生一个又一个的缺口，当撕开了这么一个缺口，会发现这么多东西都不知道，这么一大片知识是空白，这时你才有可能去慢慢学习，所以它一定能够给别人的人生带来改变。我们只是给大家提供了一个掌握更多知识的机会，每星期有节制地推一本书，慢慢会发现受众的人生有变化，这就是一种改变。

赵音奇：每年五十本书是您的起量吗？您的选书标准是什么？

樊登：讲五十本书，至少要读一百本书，因为有的书读完了发现并不好。我的标准就是所有书所讲到的，都是生活中特别重要，但学校从来不教的道理。比如说，怎么跟人说话，不教；谈话、关键对话，不教；怎么吵架，不教；怎么谈恋爱，不教；当了爸妈怎么带孩子，不教。荣格说过一句话：当你的潜意识进入到你的显意识之前，它就是你的命运。就像很多人莫名其妙做很多错事，或者经常遇到很多的烦恼和痛苦，却不知道原因是你和你父母的关系有问题，他们用错误的方式教养你所导致的。这就是我们选书的标准：实用性、科学性、重要性。

赵音奇：樊登读书为什么会有这么快速的成长呢？

樊登：我们75%的销售来自朋友介绍，人带人是最快的，就是 $Y = E^X$。只有能够带来会员转介会员（member get member）的MGM效应的，才能带来幂次的增长，如果靠打广告的方式拓展业务的话，永远是线性增长，也就是 $Y = N \times X$。所以做生意要做幂次增长，不能做线性增长。

真正有效的收获并非来自磨难

赵音奇：刚才您说了好像没有遇到什么难事儿，但也有人创业有三天顺境，剩下都是举步维艰，真没有什么难事儿吗？

樊登：我认为创业是长跑，不在于每个月的业绩，秀给投资人看，创业在于你的团队有没有在不断地成长，有没有精气神。我们公司的人进公司后三到五年都创业了，我每次问员工最近谁想创业，就投资给他孵化一个新公司。这两年我们投资了十个公司，都是我们的员工创业。当知道创业是为了修行，把这件事视作一场修炼过程的时候，成也好败也好，对你来讲没有太大的影响。

赵音奇：我们一般都讲修炼，可能更多的收获来自磨难，那在这么一个顺的成长过程里，您收获了什么？

樊登：收获来自磨难这个提法其实不太对。大多的人都误以为不断挑自己的毛病是进步的方法，然而不断挑自己的毛病只会让自己的自尊水平不断下降，越来越丧失对于学习的兴趣和动力。真正有效帮助你进步的方式是不断看到自己的进步，而不是所谓的磨难。如果把创业视作是整个人的修炼过程，视作一个练习就没有磨难这个说法了。这也是王阳明的阳明心学，人生无论顺境逆境对你而言都是顺境，因为你追求的是知行合一，你无时无刻不在练习，都在打篮球。

赵音奇：所以您打篮球收获了什么？

樊登：赚了一些钱，读了特别多的书。以前没那么认真地读书，现在读完了要讲给别人听，所以学得会更扎实，而且慢慢构建出了自己的思维体系。推荐几个对我非常重要的建设，比如说古希腊的斯多葛学派恰到好处地中和了迷信和虚无主义，去做自己能够掌控的事情，不能掌控的事情不用烦恼。这是种哲学体系的建构。再比如说《亲密关系》中说，婚姻是一个人的事儿，如果自己的内心是完整的，嫁给谁都可以过得非常好；但如果内心有问题，就跟谁都过不好日子。很多人嫁人结婚是为了重生，去弥补内心的伤。

这些感悟都是我在书里面慢慢读到学会的，能让人烦恼的事都不新鲜，大都在书里写了，多读书总能找到需要的答案。

像大自然一样处理复杂行为

赵音奇：您作为公司最大的资产，不会觉得这是一个潜在的危机吗？如果有一天您累了、病倒怎么办？

樊登：对于这个潜在危机而言，第一，我的投资人说过，这个风险他们愿意承受。因为一个人的风险比一个公司的风险要小得多，一个公司活二十年，特别难，一个人活五十年，比较正常。第二，就算我现在不干活了，我们公司的资产已经有 IP 了。就像 J. K. 罗琳不需要一直写下去，只需要有几本书就可以一直赚钱。所以我们以已有的 IP 和内容做运营和销售，就已经产生了大笔的收益。第三，我相信一定会有新的讲书人冒出来，所以我们做了一个节目叫《我是讲书人》，选了很多年轻人。讲书讲得好，是一个赚钱的生意。

提问者：樊登读书会这个 App 以后会有什么新的发展方向吗？

樊登：我们孵化了十个公司，大概有十个新的方向，至于哪个会成为未来的方向，不知道，得让公司像大自然一样成长。母系统的稳定性一定是来自子系统的不稳定性，这也是反脆弱非常重要的原理。之前的计划经济，有粮票、物票、缝纫机票，就是母系统希望每个子系统都稳定。母系统没钱，最后整个系统变得不稳定，邓小平同志进行了改革开放，这时每一个家庭的不稳定性提高，但是整个母系统变得稳定了很多，这就是大自然的特点。母系统的稳定性来自子系统的不稳定性，这个观念对将来创业会有很大帮助。

提问者：社区运营的本质是什么？

樊登：有本书说道，老喜欢问本质的人是缺乏科学思维的人。比如说我们定义重力、万有引力，但重力的本质是什么却答不出来。物理学家的态度就是答不出来也没关系，它只要能有助于我们不断地往下学习、验证、推进，就够了。如果要搞清楚它的本质是什么，世界就停滞了。火的本质是什么？爱情的本质是什么？学习的本质是什么？没有人知道。所以想知道社群运营的本质是什么，先运营一个社群再说。

很多人都以为自己的批判性思维是对的，但实际上是因为缺乏基本的科学训练才会有奇怪的批判性方法。批判性思维不是别人说什么我都要批判性辩证地看待，批判性思维是要经常地批判自己，经常反思这样做是否科学、是否公正，这才是批判性思维。

提问者：目前您认为制约社群发展最大的瓶颈是什么？

樊登：首先得分清楚是谁的社群，不同社群的发展瓶颈是不一样的。社群中什么地方做得最差就是瓶颈，别去管大而无当的问题，别去为全世界操心，做好自己的事。比如我运营的学生会的社群为什么做不好，这是好问题。如果每天都在思考全社会的问题，那是瞎操心。

提问者：如何让社交圈成为推动社群经济增长的原始动力？

樊登：多创业，多去尝试就好了。如果想解决复杂的问题，想要去推动什么社群动力，顶重要的一件事就是去看看大自然怎么做的——处理复杂行为处理得最棒的就是大自然。大自然的办法就是绝不会偏袒任何一方，给一个公平的天无私覆、地无私载的地方。

老子说，天地不仁以万物为刍狗，圣人不仁以百姓为刍狗，所以我们这个世界才非常完美地到了今天。假如上天有意识，对人类不利就按住不发生，地球早就崩溃了，这就是简单系统的方法。因此要想把整个社群发展好，最重要的就是大家都在创业，都在努力干。至于给更宽松的环境，这是国家总理应该思考的问题。

学习需要成长型心态和打破文化遮蔽性

赵音奇：您曾讲过一本书叫《刻意练习》，有时间的累计和不断地挑战自己的极限就可以成功，所以您的口才雄辩也是练出来的吗？您会建议年轻人怎么提升自己的表达能力？

樊登：不要相信天赋，因为这个世界本不存在天赋。米开朗基罗在画完大教堂上面的四百个人物后说，如果人们知道我为了达到这种技能曾付出的辛苦努力，这件事情就显得没有那么美妙。人们太希望自己有天赋，但事实上这个世界上没有人有天赋，包括音乐家都没有天赋。原来有一个特别奇怪的说法，说学音乐必须有天赋，比如完美音高，几千个人才能有一个人有完美音高。心理学家在德国找了一个班，每周一个小时训练完美音高，一个学期后，这个班上 80% 的学生都出现完美音高，就说明完美音高是一个练习的过程。

但刻意练习的核心并非一万小时理论，看大门的大爷也看了一万小时，他也没有成为最好的保安，有的老师讲课讲了一万小时，也不是最好的老师。刻意练习的核心是 3F 原则，集中（focus），反馈（feedback），修正（fix），通过这样不断的刻意练习，就一定可以成为很厉害的人。但很多人不喜欢这样做，因为持有固定型心态的人，永远都在衡量今天的表现怎么样，有没有丢脸。他们这一辈子只做一件事，就是不断地证明自己，不断地在任何场合想要用各种各样的方式证明自己的与众不同。这种方法会使得自己不愿意承认刻意练习的威力，因为每个人都很享受别人夸他不努力却很优秀。

但我们要做成长型心态的人，每时每刻都去想今天有没有进步。我能够给到年轻人最重要的建议就是要建立成长型思维。很多人特别喜欢找稳定的工作，因为爸妈老吓唬说将来考不上大学只能是要饭，吓唬的结果就是很多的孩子认真学习的目的就是要考一个大学，但却丧失了安全感。当没有这份安全感，在找工作的时候，首选的条件就是安全不安全，有没有稳定性。所以如果能够更早意识到潜意识对我们的影响，然后通过不断的学习去调整、校正，找到一个自己想要去实现的梦想，找到想要为这个社会解决的问题，离成功也会更近一点。

提问者：您的选书和读书方式是什么？

樊登：好多人都经常问我怎么选书。当读书读得足够多，才能够拿到一本书，就大概知道它的好坏，这是经验累积的过程。在一开始的思维架构还没有形成的时候，最好的方法就是读那些被时间验证过的名著，而且最好是隔两百年选一本。因为我们很容易有文化遮蔽性，如果整天读的都是现代人写的书，那观点就一定是跟现代人趋同的，很难建立起有效的批判性思维。有效的办法是从有文字的时候开始，每隔两三百年选一个有名的人读一读，才能打破最大的遮蔽性。

我选书有几个门类。第一个门类是事业，因为事业一定有方法可循：领导力、销售、组建公司、人力资源等；第二个门类是家庭，家庭对每个人都很重要，即使有人没有组建家庭，但也都是从家庭中出来的；第三个门类是心灵，心灵就是你要知道我们的心，就是“打篮球的人”，才是最重要的决策。事业、家庭、心灵是我们选书最重要的三个范畴。

其次，我喜欢选知名大学教授写的书，不喜欢畅销作家的书，因为他们写书容易简单化，容易讨巧。对于传播而言，简单化是很重要的。人类的大脑有一个特点，叫做认知吝啬鬼，能不动脑就不动脑。越是这个时候越要对自己严格要求，所以要具备批判性的思维，不断反思自己的标准原则，然后进步。像搭乐高积木一样搭建你的知识体系，这个很重要。

有的人读书记不住，是因为没有自己的知识体系，读到一个新知识不知道放在哪里。但如果有自己的知识架构，比如有经济学架构、社会学架构、哲学架构，就会知道不同的知识往哪放。先从读名著开始，读不懂的书放在一边，因为一个人无法从巨大难度的工作里学到东西。如果做一个事儿难度大到快崩溃，反而学不到东西，只有适度的难度才可以带来进步。

关于做笔记，有的人喜欢拿笔在书上勾画，但最近读了《认知天性》才知道，当用笔在上面把重点都画出来时，大脑越画越不记，描重点会造成一种很流畅的假象。所以一遍读过放在一边，一周之后考自己一下，试着画出这本书的大纲，这才是挑战自己的大脑。让大脑做些痛苦的动作，才真的能够记住那本书。我能记住那么多，是因为读完之后，会过一两个月整理一遍笔记，画一个脑图，在这个过程中不断挑战回忆。这个痛苦的过程记住了它，而那些假装顺畅的过程却没用，所以读书要有挑战、检索的过程。

2018 年 9 月 11 日

樊登，樊登读书创始人。北京师范大学电影学博士，西安交通大学工学学士、管理学硕士，99 国际大专辩论会冠军，曾任教于北京交通大学。前中央电视台节目主持人，国内资深领导力专家，于 2013 年创立樊登读书会。

赵音奇，电视节目制片人、双语主持人。1999 年进入中央电视台参与创办《希望英语》栏目并担任主持人，并担任《味道》《大真探》《中国诗词大会》等节目的制片人。2017 年离开央视，至美国斯坦福大学进修，获管理（MSx）理学硕士学位。

把读书这个事做大

林　少

十点读书创始人

为什么会做十点读书？跟我自己一直以来喜欢读书有关系。路遥的《人生》里引用柳青的这句话：人生道路虽然漫长，但紧要处常常只有几步，特别是当人年轻的时候。在我中考失败，人生低谷的时候，书指引了我未来的方向，我选择继续学业，回过头来看，从中学的时候喜欢读书，到大学的时候喜欢互联网，这两个兴趣对我十年后的创业产生了比较深远的影响。

从学机械到互联网创业的转型很难，但我一直抱着“不要活在别人的观念里，勇敢去追随自己的心灵和知觉”的想法，相信并热爱做的事情，从学习互联网知识开始，到通过邮件列表给好友分享新闻和文章，每天都会花几小时去编辑邮件列表，坚持了一年，收获了800多个用户，传播范围有限。八年前注册微博，每天坚持更新几条微博，借助智能手机的逐步普及和微博的高效传播，从几百个用户增长至几千个用户，最终在微博里积累了几十万用户，转向微信，最后获得了吴晓波300万的天使投资，进行规模化招人，2017年我们来到北京，形成了200多个人的团队，涉及更多业务。

从微博到微信再到 App

这几年不止十点读书，整个新媒体领域都有了爆炸式的发展。从纸质媒体到PC时代，从PC端到移动端，从微博到微信再到抖音，背后是媒体渠道开始发生了变化。大家把过去用来看报纸、杂志、电视的时间，更多地花在了手机端。渠道的变化带来了大规模流量迁移，进而引发了内容和连接方式的变革。微博的140字到了微信里面变成一篇文章，到了抖音则变成一个15秒的短视频，整个内容发生了极大的改变，这些改变中蕴涵着创业的机会。

十点读书最早在微博分享美文和好书，运用粉丝和社交媒体的转发功能，带来了很好的传播效果，我们还一直非常关注能够带来用户关注的新的增长方式，比如与用户互动，发起赠书活动，不仅通过新媒体渠道，还邀请作者创作、整合文章、出版书籍，让更多的人了解十点读书这个平台。

除了微博之外，十点读书也在探寻其他新的传播途径。我们察觉到智能手机其实可以成为一个新的广播的渠道，从而带动电台的重生和音频的崛起。我们第一时间开通了自己的电台，在电台里面邀请主播把我们的文章录成好的音频，分享给受众，又从电台里积累了一大批喜欢十点读书的受众。相比其他的创业者，十点读书不断尝试新的媒体渠道。我一直相信选择正确的方向比努力更重要，要在正确的时间做正确的事情，我当时隐隐觉得，微信的发展比微博有更大的可能性，因此把更多精力从微博转向微信公众号。

在这期间，十点读书不断顺应渠道变化，为实现与众不同，主要做了三件事：

第一，通过改名增加品牌度。十点读书最初的名字“每日好书推荐”一定程度上阻碍了它的传播，根据我查阅的数据，晚上十点是互联网阅读的高峰期，并且我们的一个栏目“十点读书”越发受到欢迎，因此我们将整个品牌名改成十点读书。

一方面“十点”非常好记，有温度，有场景感，改名后品牌传播度也提升了。因此，取名对创业是件很重要的事情。再举一个例子——今日头条，当时新闻客户端很多，腾讯新闻、搜狐新闻、网易新闻等，名字都有一个新闻。而今日头条创始人张一鸣做的新闻 App 不太一样，他关注一个人本质的需求，每个人看新闻想看什么、想关注今天有什么头条，因而起名叫今日头条。对比其他产品，今日头条更直接，受关注度相应也更高。好多公司的名字其实都特别好记、简单，比如苹果、小米，新媒体里的一条、二更等。另一方面，十点读书带了一个根词“读书”，十点读书早期用户增长快的确和用户搜索有关，在来自搜索的流量上我们占了很多根词的优势。很多人刚开始使用微信号的时候会去搜索一些品类，比如他想读书了，就会去搜读书，并关注排在前面的号，我们是排在第一名，自然获取了很多关注。

第二，将微信公众号 App 化。十点读书每天发布八条不同分类的文章，美文、好书、名家、散文、励志等，满足不同用户的需求；在底部菜单栏设置三个菜单：电台、课程和商城。十点读书的微信公众号不只分享文章、提供内容，还提供各种各样的服务，增加用户的黏性和使用频率。

第三，在文章中插入音频。十点读书利用在电台领域的经验，在微信推出音频功能之初就开创性地在文章中插入音频。此举一方面带来了很多新增用户，另一方面改善了用户体验，让产品变得更有温度。通过积累全国知名的畅销书作家和孵化主播，我们也为个人提供了创业的机会，就如同微信公众号的口号——“再小的个体都有自己的品牌”，给了越来越多主播和作者成名的机会。

从内容付费到电商再到新零售

十点读书是带有探索精神的一家公司，构建了“媒体 + 商业”的产品矩阵，在十点读书这个“航空母舰”的周围做了很多“驱逐舰”，让整个公司有更丰富的产品，去服务我们的 5000 万用户，比如推出十点课堂做内容付费，十点读书会做社群，十点视频做短视频，十点好物做电商。我们也延续早期从微博转到微信的经验，不断去寻找一些新的机会，新的渠道和平台，包括 2018 年尝试小程序，尝试 App 和线下书店，都是基于这样的考虑。

过去传统媒体的商业模式基本都来自广告，而新媒体不同，十点读书通过几年的努力已经把广告压到了 20%，另外 50% 多是课堂，20% 左右是电商。经过三年的努力，十点课堂已经成为中国领先的女性成长课堂。八十门课程中卖得最好的一门英语课已经卖了 50 万份，这门课程带来了 5000 多万的销售额，我们希望让过去这些可能课程售价很高的老师，走到我们的平台来，利用互联网把他们的知识分享给更多人。这两年多，十点读书寻找到了八十位这样的老师，并花费大量精力将内容打磨成互联网产品，付费课程不仅增加了老师的收入，也将知识分享给了更多人，受到用户欢迎。

2017 年 8 月我们上线了十点视频，最初我们从读书切入，拍摄吴晓波、梁文道等有文化高度的名人，再从小城故事、手工匠人等方面切入，品质很高。之后我们拍摄黄晓明、刘若英等明星对于读书和文化的理解后，视频流量持续爆炸式增长。创业需要不断地寻找破局点，并将你的人才、资源和用户放在这个点里，做出有市场影响力的产品。到现在十点已经成为整个市场里面，拍明星和名人拍得最好的团队之一了，从这个点切入进去我们开始找出十点视频项目的差异化，主打泛文艺短视频。

2018 年我们一直在探索十点线下书店。我研究过很多书店，现在书店的模式大多数还是属于搜索式的书店，就是读者抱有一定目的性，为了去买书而去书店。能不能做出新型的书店出来？结合互联网产品思考逻辑，我们用百度搜索，搜完东西可能就走了，而今日头条跟抖音的模式是信息流，我们去今日头条跟抖音就要不断刷内容，这种模式为其带来了很多新增的时间。

十点团队一直以来对书店梦的情节，以及观察到互联网产品的信息流模式和十点的海量内容有可能给线下书店赋能，使我们萌生了做线上线下新零售书店模式的念头。能不能用信息流的方式去做书店？就是让用户可以在书店里面不断地去“刷”时间，让用户逛完图书的时候再去逛咖啡吧，逛好物，逛课堂活动区以及亲子空间，把书店做成信息流的方式。过去很多书店是卖书，这个时代卖书是不够的，用户去买一本书想要的是什么？比如用户买一本书去旅行，他想去日本的时候，他去买跟日本相关的书，他想买的是这个书吗？不是，他是想买去日本的一种生活方式、一种攻略，那能不能在图书区旁边，再同时配上跟他旅行目的地有关的产品，或者甚至是一些在线课堂和攻略。我们试图给用户提供一种生活方式的体验，这是我们与其他书店非常显著的一个区别。现在很多书店还是只有线下，你在书店里面只能体验到这个书店线下的一些场景，只能够看到书、喝到咖啡。十点在过去几年时间里线上积累了大量产品，有图文、音频、短视频和课堂内容，能不能让用户在书店里面逛书店的时候体验到线上的内容，能不能用新零售的方式，用大数据的方式为用户提供更好的服务？这是我们想去探索的新书店。

由此我们提出了线上线下新零售书店模式。这里蕴涵了做一个产品、创业项目时的思考逻辑，就是你的思考方式跟别人有什么不一样。我们对书店的定位就是要做线上线下融合的新零售书店。我们在线下为用户提供图书、课堂、亲子、好物、咖啡、读书会等。在线上，我们让用户不断地在微信和 App 上去使用我们的线上产品。很多书店，当用户离开书店之后，他跟这个书店的关系就结束了。我们能不能让用户进入到我书店的时候，关注我线上的公众号。当用户离开书店，在未来还可以不断地使用我们线上公众号的产品，去看这家书店里面有什么新书，这家书店里面有什么新的好物，这家书店里面会有哪些作者来到书店里面做分享，他可以重新再回到书店里面，这是我们做的不一样的思考。

十点在前几年做了大量线下读书会的活动，这是跟很多书店不一样的，在过去已经把我们的用户从线上聚集到线下了，我们曾经在邮轮上举办读书会，在拉萨面朝布达拉宫的民宿楼顶做读书分享。我们也要把书店提供给读书会的会员，让他们可以更好地在书店里面去交流、社交，去认识更多的朋友。

关于书店的设计风格，我们做过调研，十点的用户大概 70% 多是女性。因此书店一定要偏女性、时尚风格，要有新零售风格，总体上凸显文艺清新。

一进门会有一个 iPad，并安装了听筒装置，让大家用听筒收听主播的声音、音频，去听某一本书，引导用户体验我们线上的产品。书店里面我们设置了很多座位，随处可以坐，我们希望用户在书店里面坐下来。打开我们线上的小程序，可以随时随地点咖啡，点完咖啡有人送过来，不用担心抢座的问题。打开微信，可以查看书店里有什么书，未来半年有什么老师、什么课程和活动。我们会请到很多线上的老师、作家，来到书店做大量的图书分享以及课程的分享，这是我们跟很多书店不一样的地方。我们的书店开在厦门火车站旁边的万象城商场，商场已经成为家庭消费的场景，我们希望爸妈可以带着小孩逗留在书店里面，让小孩在书店里面有很好的阅读氛围，可以长时间逗留在那个场景，爸妈也可以享受属于他们自己的阅读时光。

总之，我们希望用户在书店里不断“刷”他的时间，通过图书、课堂、咖啡吧、读书分享会和亲子区域等为用户提供丰富的文化与生活体验，提供更好的服务并且引导用户在线下书店体验线上内容。

十点读书还推出了 App，上线时间不久。这两年很多人说 App 已经完全没有机会了，被巨头垄断了。但是我们分析后认为其实还是有机会的。十点在微信和其他平台积累了 5000 万用户，这为 App 奠定了扎实的用户基础。过去用户使用十点看文章、听音频、参与课程都是比较浅的阅读体验，我们希望用平台的方式给十点的用户提供更多样化的内容，更长时间和深度的服务。也如同十点读书的口号——“我们读书就不孤单”，我们还希望用户能在 App 里社交，分享真知灼见，分享喜欢的好书，找到志同道合的朋友，让用户找到跟他有共同属性的圈子，我们希望未来这个平台可以为每个用户都精准推荐一种专属的美好文化生活。这种文化生活，不仅包括读书，也包括电影、视频、小说和好物，为 1 亿女性打造深爱的文化生活平台，这是我们团队的愿景，我们会为之努力奋斗。

创业的六条建议

第一，初创和稳定期的打法要不同。雷军曾说过互联网创业七字诀：专注、极致、口碑、快。创业初期需要坚持专注的原则，首先专注是事情聚焦，不要一下子做很多事情。当你的专注做得足够好的时候，就要开始多元化的尝试，为公司、团队去谋划更大的格局。如果业务范围设得太小，有时候就会故步自封，格局上如果把自己框得太小，整个团队的发展可能会受到限制。这也是“T”字原则。开始一定要把“一竖”做好，做到足够深、足够强之后，再来做这“一横”，往平台化方向去发展。

第二，拥有长远的目光并持之以恒。如果你做的每一件事情把眼光放到未来三年，和你同台竞技的人很多；但是如果你的目光能放到未来七年，那么可以和你竞争的就很少了，因为很少有公司愿意做那么长远的打算。整个渠道的快速变迁让创业者很焦虑，你刚把微博做好的时候微信出来了，刚把微信做到1000 万用户的时候，抖音出来了，刚把抖音做好的时候，可能新的机会又出来了。但其实要坚信，不管在什么渠道，只要你能够在新的时代打造出好的产品，用户一定会喜欢，公司也能得到长足的发展。

记得我在做微博的时候，当时是没有什么商业模式，虽然当时有了几万用户，但也存在很多竞品。有一个同行卖了微博账号，并建议我也出售，大概可以卖两三万。我觉得我喜欢这个事情，不管再难，未来也可以继续把它做下去。做到现在复盘，如果当时真的几万块钱把它卖掉，那就没有十点读书这个品牌了，后面我又从微博里面转战微信，选择正确的方向，其实有时候是比努力更重要的。虽然现在十点读书微博也有几百万用户，但在微信上用户发展更快，证明当时我对于微信广阔前景的预判是正确的。

第三，创业，需要不断提升自己的认知。人和人比拼的是对事情和行业的洞察，是认知的高度。执行力也很重要，如果初期缺乏一些战略、管理方面的经验，不妨先做一个很好的执行者，这也是一个很强的能力，执行是对认知的实践。

第四，坚信大趋势，顺势而为。以前微博是一个很大的趋势，之后是微信，这两年可能是抖音，未来会有新的产品和新的趋势出现。创业要在大的趋势里去顺势而为，找到时代和行业的动力。

第五，文化产业大有发展机会。移动互联网已经发展到了相对成熟的阶段，红利变少的情况下，整个内容创业的机会也会比之前更少了。但我们相信在未来几年，整个文化产业其实会有消费升级，将有更多的人走进电影院，走进书店，阅读纸质书，用户会越来越渴望文化消费，对线上线下文化娱乐消费的需求也会愈加旺盛。

第六，找到好的投资人。一个好的投资人，对一个项目的帮助是非常非常大的。十点很幸运，遇到了吴晓波老师。我当时自己创业的时候还是个新手，不知道未来会怎么样，只能看到未来一年，但是好的投资人，有经验的投资人，可以看到未来五年、十年。他告诉我，要想象新媒体未来会怎么样，怎么去设计商业模式，一定不只是广告，只做广告在资本上面空间有限，当时我们就在想，新媒体还可以做什么？基于新媒体可以构建社群、运营电商、组织线下活动、打造在线课堂等，存在很大的发展空间。当时十点就试了很多方向，从社群、读书会、在线电商到在线课程，一一涉猎，目前在课程和电商领域有比较大的发展。一个好的投资人不仅可以提供创业项目资金，还可以提供创业项目资源和经验，帮你制定创业项目的战略规划。

回顾十点读书创业历程，印证了一句话：人活着就是追求极致，创造美好的东西，并分享给自己的同类。我这几年每天坚持早上九点上班晚上十点下班，坚持做一件事情，是希望通过内容、产品甚至书店将自己觉得好的东西不断地分享给同类，希望未来通过十点读书的平台为每个用户更加精准地推荐美好的文化生活。

最后，我想送给对内容创业有兴趣的人一句话：未来无论是工作还是创业都是一场修行，在修行的过程里，我们需要埋头过更多的坎，让自己的身心得到更好的历练。

对话林少

占领新的媒体渠道，提供深层次服务

李小萌：如何抓住飞快更新的媒体渠道，比如抖音？一定要占领新的媒体渠道吗？

林少：在短视频领域需要转化思维方式，在抖音上我们目前还处于学习阶段，学习用比较轻的短视频方式推荐书摘、书单、语录，说老实话蛮难的。我认为我们必须占领新的媒体渠道，也许不一定成功，但不能自动放弃战场。

李小萌：为什么要推出十点读书 App？

林少：推出 App 基于两种考虑。第一，顺势而为，App 是具有发展潜力的整合平台，可以集合图文、音频、短视频多种形式。十点读书也已经具有足够的资本和能力。第二，App 可以满足用户不断提升的需求，为他们提供的不是碎片式的服务，而是深层的全面服务。

李小萌：是不是如果只是依托微信平台会有不安全感？

林少：这个倒还好，其实我自己特别喜欢并且尊敬微信这个团队，在微信里面我们做了六年，还是蛮有安全感的。到了这个阶段，十点用户需求在提升，用户对十点有了更高的需求，这就是为什么十点 2018 年要做短视频、线下书店、App 的原因。就是我们希望为十点的用户提供更深层次的服务，全方位覆盖用户的文化生活。

提问者：如何创作爆文？团队内部已经形成了哪些比较模式化、流程化、分工非常明确的流程或者机制，来保证文章的质量？十点读书没有鲜明的人设定位，是如何与用户之间保持心灵层面的有温度的沟通的？

林少：其实我们团队并不会特别关注爆文这件事情。十点读书这家公司产品的使命是用文化给更多人带来温暖和力量。我们更关注的是我们写的文章、做的产品有没有给到用户一些温暖或者给到他力量，我觉得真正好的内容还是打动人心，很多用户白天会碰到一些人生或者是职场上面的困难，在深夜十点他能否在这个平台里面得到一些温暖和力量，这个是我们更关注的。至于爆文的方法，其实还是有蛮多人写过的，可能有哪些情绪点，文章结构怎么架构，让用户可以从浅到深，最终让他有泪点，让他有转发的这些动力。我觉得这些是方法层面的东西，本质还是内容能否打动用户。

十点读书并没有人设，我们拥有的只是“十点”这个品牌。“十点”依托于过去几年的用心打造，有担当和责任心，被用户喜欢，用户信任这个品牌，就会对视频、线下书店等各种产品有期待。我们希望在用户的心智当中，有“十点出品，必属精品”的概念，这是我们区别于树立人设的做法。

提问者：十点读书与同类公众号的核心区别是什么？

林少：回到产品本身，十点读书一直聚焦于微创新。我们总是比其他公众号提供更丰富的内容，在不同的媒体渠道更领先一步，也更快转入线下。十点读书在早期可能别的号发一条的时候，我们尝试发四条、八条来提供更丰富的内容。后来很多号追随我们加入音频的时候，我们开始做短视频。现在很多号在线上做得很好的时候，十点在尝试做线下书店。我们一直想，如何让自己的产品可以比别人的产品更好，能做出不一样的地方。现在看起来，并没有说十点读书有多么特别不同之处，但是可能就比别人多那么一点、好那么一点、领先那么一点，我觉得就是关注那一点细微的差距。

李小萌：什么是好的知识付费产品？十点读书如何生产好产品？

林少：好的产品要有好的老师。首先，老师在他擅长的领域要有足够的专业度和热情；其次，他的知识适合转化为市场所需的互联网产品。有些老师虽然很优秀，但是还在象牙塔里，走不出来跟互联网用户握手、交流。十点读书的每个课程前后大概需要十个月的时间打磨，我们会与老师不断交流，一起确定选题，确定课程大纲，用视频、音频等用户熟悉的互联网方式生产产品。

提问者：十点书店与西西弗书店有什么不同？它创造了什么样的文化？

林少：首先是模式的不同。十点书店采用线上线下新零售的模式，用户走进书店时会关注公众号或下载 App，离开书店时也能享受线上书店提供的图书电商、在线课堂等服务。其次是用户的不同。十点读书更加精准地服务以女性为主的人群，女性对家庭的消费和文化内容的选择有很大影响，通过服务女性可以服务到整个家庭。十点希望通过书和书店给用户提供文化生活，并为未来的书店探索更多变现模式。

提问者：十点读书是内容属性更强的公司，十点书店打算采取怎样的模式来弥补在线下资源上的不足？

林少：确实当当也在开书店，也有越来越多的人甚至是地产商都在开书店。一个大的背景是，我很看好文化产业在未来几年的发展，我的预判是未来不仅十点、当当，甚至是刚提到的地产商，可能会有越来越多的机构开书店。商业模式其实是需要大家共同来探索的，十点在探索的是一种除了线下的这种商业模式以外，在线上能不能再诞生一种新的商业模式？十点书店在线下为用户提供一些图书、咖啡、好物的商业模式，那在线上，我们能不能把十点过去尝试过的在线课堂、作者分享，以及在线的电商跟线下做一个结合，让线下书店在线上有更多的可能性，这个是我们第一家书店在探索的事情。

创业心得与建议

李小萌：对于创业者来说，在选择投资人的时候要遵循几个标准，您觉得最重要的是什么？当你有十几个人要投你的时候，选谁不选谁？

林少：最重要的我觉得其实不是钱，有钱做投资人的很多，最重要的一点我觉得是他是否认可你，是否极度认可你这件事情，他是否热爱你在做的事业，这个非常重要。我觉得投资就跟交男女朋友差不多，跟结婚也差不多。你要找到互相认可的，能够聊到一块的，对你未来的发展能够提供很多建议的。

李小萌：我总结我这一年来的创业心得，发现很多时候虽然选择了最容易的方案，最后却带来很多麻烦需要去收尾，我想从您这里得到印证是不是这样？

林少：这句话我跟你有共鸣，有一本书我推荐阅读，叫做《少有人走的路》。当未来我们有两个选择的时候，一个选择是很容易的事情，一个选择是很难的事情，我们可能要去选择那条比较难走的路，这样我们在未来把难走的路走出来的时候，才会更有可能成功。很多人现在不看好我们做App，说App很难、没有机会，也有很多人说开书店没有什么盈利模式，书店不挣钱。但我们认为，当做一件比较难的事情，并把这件事做好之后，我们才会有更多的机会。

提问者：对于学生来说，在校园里面怎么样去开展内容创业？

林少：其实校园里面是一个很好的创业环境，我们谈谈外国，脸书（Facebook）就是诞生在校园里面的，是为了满足校园里面的社交需求。还有在中国很好的一个产品“饿了么”，也是诞生在上海的一所大学，就是大学里面怎么去做外卖。校园里面可能不是那么成熟，但有一个很好的条件，有一些志同道合的同学，首先他很容易找到一个团队，然后他有他的用户群体。他有了他的创业项目，先服务本校的，然后再服务其他学校的。校园创业其实是很有一些自己的优势的，可以结合在校园里面的优势，做App，做出一些小规模、小团队的，做成闭环，然后不断推向学校、社会，让它不断地发展。

提问者：关于内容创业，比如现在短视频这么火，短视频这样的品类怎么样去做得更好？竞争那么激烈的情况下，学生团队怎么样在内容创业上找到突破？

林少：我觉得可以关注三点：第一点，你怎么去做好的内容。不管是短视频，还是其他形式，比如录一个音频或者拍一个视频，首先是做好的内容。第二点，做了好的内容之后怎么去传播，怎么利用媒体渠道、社交渠道去传播，去触达更多用户群体。第三点，当有了内容之后，有了用户之后，要想你的商业模式是什么，是做广告，还是做内容付费，或者是做线下的活动之类的，这时候你可以形成一个闭环。

2018年11月20日

林少，现任厦门十点文化传播有限公司创始人兼CEO。曾任知名外企工程设计师，因为热爱互联网和读书，在2014年成立十点文化传播有限公司，创办“十点读书”品牌。

李小萌：资深媒体人、主持人、制作人、教育投资人。获得中国主持人最高奖“金话筒”奖，2018年被《人物》杂志评为年度女性人物。

知识 IP 的打造与迷思

姚　飞

核桃 LIVE 创始人兼 CEO

知识服务内容生产：付费课程与知识 IP

知识付费课程的规模化生产逻辑

核桃 LIVE 是知识服务行业里高品质内容的生产者提供商，创立两年以来签约了 80 余位头部 KOL①，包括蒙曼、康震、于丹等老师，两年间原创生产了 40 档以视频为主的知识付费类课程和节目。

课程以女性用户为主，基本分为两个方向：亲子成长和女性成长。现在的网络付费课程越来越多，良莠不齐，两极分化现象非常严重。这对课程的内容和质量有了更高的要求，要生产出真正符合市场的用户需求的高品质内容，建立起既能够保证产出优质内容又能够批量生产的机制。这需要有两个能力：一个是挖掘到对某一个领域有深度洞察的 KOL；另一个是对头部专家的内容要有足够的把握能力，以及把它转化成课程内容的能力。

这一套有效的课程内容生产机制包括三个流程。

第一步，了解用户需求，通过大数据的调研完成最基本的用户洞察。通过自有社群用户访谈、市场分析以及第三方平台的数据挖掘，找到目前市场上稀缺的课程，建立基本的用户动态以及课程的计划方向。

第二步，确立基本的用户画像，筛选契合内容调性的第三方渠道，与第三方平台进行沟通，根据运营的方向来做选题策划的预判，最终确定渠道并与渠道共同打磨内容方向。因为平台掌握了大量的用户，我们要瞄准不同的平台中

---

① key opinion leader，关键意见领袖，指拥有更多、更准确的产品信息，且为相关群体所接受或信任，并对该群体的购买行为有较大影响力的人。

跟我们调性相一致的用户来生产，且平台最了解自己的用户需要什么，以及在这样的选题方向下怎么样策划、大概多少集，从哪个点切入是用户最能够接受的。

第三步，通过团队内部的品控手册严格制作、打磨内容。从选题的策划到出大纲、脚本、demo、第一期上线、全部录制完成，一共有多少天。具体到每一天分别要完成什么任务，包括视频内容的把握，老师的选择，等等。整个的策划、录制、后期、上线等环节都有流程的控制。

最后，结合内容投放平台情况，为产品制定价格策略及配套运营策略，持续监测上线后站内外评价，根据市场反馈进行复盘及内容调整。这样的流程控制可以做到内容的批量生产。

说到内容的批量生产，很多人可能会问，内容行业的本质是一个创意行业，它真的能做到批量生产吗？我们摸索后发现，内容本身是一个创意行业，但是内容的创意能不能落地，绝不单纯依靠灵感的迸发，更多的是理性筹谋的过程。内容生产完成后，还需要跟平台合作做上线前的运营策划，包括课程宣传以及价值策略和复盘、反馈等。内容的生产除了好的创意之外，还需要有一套好的流程和机制能够把这个想法落地实施，最终成为有受众的产品，这也是严格品控的重要性。

打造以 KOL 为核心的优质知识 IP

这两年，知识服务行业的势头不如以前迅猛，这并非是行业开始走下坡路。知识服务行业的从业者认为是互联网的发展颠覆了其他行业，甚至重新塑造了某一个行业。互联网用它的方式改变了人们的学习方式，使人们从参加培训班、读书、听讲座变成通过互联网收看或者收听移动端的课程。这个趋势不会改变，并且可能会继续深化，以不同的形式展现出来。但是这时出现了一个拐点：单纯的专栏订阅或者单条收听付费的方式已经不能满足人们的需求，展现形式出现了多种可能，比如目前流行的社群化或是线上线下的有机结合。但是无论怎么发展，一个最主要的核心就是好的 IP 产出。知识 IP 是永远的核心所在，其中包括三个方面。

第一是出版。知识服务行业是出版、传媒和教育三个行业的结合。随着行业的发展，传媒走在了前面，引领了整个行业的发展。此时，出版和教育也已经越来越介入到知识服务发展的过程中，出版集团也采取了很多方法，希望能够实现一体化。为了与整个出版行业更紧密地结合，除了把优质的课程内容做反向的出版，例如于丹老师的《于丹趣品汉字》和欧丽娟老师的《从红楼梦看中国式情商》。更重要的是要与出版集团进行合作，包括今日出版社、华文天下出版集团等，与优质畅销书的作者一起做更多音视频知识服务课程的开发。知识服务行业可能不是一个新的行业，只是互联网颠覆了学习的过程。畅销书作家的作品不论是以图书出版物、视频出版物或音频出版物的形式出版，都是智慧的结晶。所以如果能从畅销书作者里找到一些好的KOL，这对于整个知识服务行业来说是一个金矿的挖掘，能够打通整个知识生产的上下游，包括图书、音频、视频，甚至有可能包括线下的培训等。

第二是对优质的知识IP做大IP的开发和打造。以河森堡举例，他受到很多人的喜爱，是一个年轻人特别喜欢的历史类IP，其课程叫做《最八卦的人类野史》，在网上的反响很好。我们为这个课程做了一个比较轻松的延伸开发，就是《脑洞大开博物馆》。付费类课程里面河森堡主要是从他的历史观出发讲一些历史故事，而《脑洞大开博物馆》里则是通过讲一些文物的故事来串联起人类的历史。这个课程第一季上线的播放量超过了5000万，属于同类别和同等量制作的综艺节目里面播放量非常好的节目。

第三是目前整个内容行业里面受到广泛关注的短视频。目前一说到短视频，大家更多想到的还是娱乐类的，如搞笑短视频。在整个短视频市场中，对于人文类的、知识类的、历史类的短视频非常稀缺。我们已经在现有的课程生产的同时，生产了700条知识类短视频。同时也在跟包括腾讯在内的很多的短视频平台合作，针对目前已签约的知识类KOL做系列化、体系化的短视频开发。

知识IP打造的未来发展方向是形成以KOL为核心的，包括付费课程、图书出版、大IP制作，以及短视频在内的整个知识产品的矩阵，成为在知识服务行业和教育行业都能具有一定声量和规模的知识IP的生产制造商。

互联网内容创业的六个迷思

用户的刚需如何来判断

创业首先要发现一个市场机会，对所要从事的行业做机会判断，也就是说这个市场里面还有哪些是未饱和的。但是市场稀缺的一定就是机会吗？实践证明并不一定如此。

当时的知识服务课程里针对女性的生活类课程比较稀缺，所以我们就针对“如何去生活”生产了一批课程。我们当时的美食类视频做得很精致，不亚于目前市场上的精品视频，但两年来销量非常一般。经过反思后发现，市场上目前没有的，50% 的可能是因为别人还没有发现这个机会，但还有 50% 的可能是因为这不是一个人们真正有需求的“机会”。比如说美食类依然不是知识服务的主流，关键原因是这不是用户的刚需。而亲子成长和女性自我成长类的内容才是女性用户们一定会为之买单的刚性需求。

市场判断还容易陷入母爱逻辑和父爱逻辑的极端误区。所谓的母爱逻辑就是妈妈觉得孩子需要什么就给孩子什么；父爱逻辑是从孩子的成长来考虑哪些是孩子需要的，对他的未来什么有好处，就提供什么。比如说乔布斯生产苹果手机就是这个道理，用户那个时候并不知道自己需要的是苹果这样的智能化手机，但是乔布斯生产出来以后满足了用户的需求。这两个逻辑都没有问题，母爱逻辑是创业前最简单直接的判断方式，父爱逻辑是分析用户需要什么，这两种逻辑都是基于市场洞察发现市场机会的方式。

但如果判断时走极端，那就事与愿违了。母爱逻辑的极端就是“有一种冷叫做你妈觉得冷”，这并不是用户的需求。父爱逻辑的极端是以为某种产品是用户将来成长到这个程度需要的，但其实它不是。

所以对于市场做机会判断里面，其实有很多的方法和方式，包括用户访谈、市场调研、用户调查等。但是这些都不能一概而论，市场机会判断的法则也因人而异。但不论是机会判断还是运营，有一个总体原则是一定要避免“想当然”，要做科学的分析和调研。

“头部”是否仅以流量来判断

内容创建者的咖位越大，用户就越愿意为他付费吗？用户的回答是否定的。人们愿意买单的一定是有独到内容，能够生产独到内容的头部 KOL，一定是在某个领域跟行业里有自己独到洞察的专家。如果判断“头部”的标准仅仅局限于微博粉丝数、公众号的订阅数这些方面，那就陷入了流量的迷思。

“头部”不能仅仅以流量来判断，大流量的 KOL 生产的内容未必一定是知识服务行业用户愿意买单的内容。因为人们对于免费内容和付费内容的消费习惯完全不一样，比如说你看免费内容的时候，这里面有一点能打动你，你可能就会打 100 分或者 99 分。但是对于付费内容，如果只有一点打动你，你可能只会打 30 分或 50 分。免费内容让用户觉得眼前一亮就足够了，但是付费内容会让人们的期待变高。这就导致很多大流量的KOL只适合生产免费内容，因为付费内容是需要体系化的，这不是大流量的KOL能生产出来的。

针对如何判断所谓的头部KOL，主要有以下三个标准。

第一，老师本身是否有强烈意愿来做这件事。如果他有意愿参与，愿意投入时间，就会花心血、花时间来一起整理思路、一遍一遍修改。但是如果没有意愿的话，他就会抱着无所谓的态度，机械地念稿子或者疲于修改。老师自身的意愿因素直接涉及课程的质量。第二，老师是否对某一个领域有独到的洞察。这个洞察是指对用户的洞察和对整个行业领域的洞察，一定要有自己独到的观点和见解，还能够给人带来影响。第三，老师的表达是否能够有效地传递内容。首先是口才，即表达的流畅性；其次是这个老师有没有能力把某一个领域比较专业和艰涩的东西表达出来。

河森堡的专栏课程叫《最八卦的人类野史》，河森堡就是一个特别好的知识付费的头部KOL。第一，他是一个非常强烈地想要通过这个形式表达自己见解和想法的老师。第二，他是国博讲解员，做了大量的研究，对于整个人类历史有基于自身历史观的洞察。第三，河森堡的表达能力非常好，深受大家喜欢。我们签约河森堡的时候他的微博粉丝数是80万，一年多过去了，现在他的微博粉丝数接近400万。

内容生产者扮演的角色更多的是翻译者，需连接老师的表达和用户的需要，用最能够让用户接受的、最容易理解和记忆的方式传达内容。千万不要有流量的迷思，一定要分清有用的流量和无用的流量。

知识类的视频内容越精致越好吗

知识类的视频内容越精致越好吗？其实未必。以我们一开始做的视频类课程为例。当时我们认为人类的记忆更倾向于记住视觉化的信息，图像记忆又更符合人类大脑记忆的方法，比其他的传统记忆效率高很多。与此同时，知识服务类的视频跟一般的视频又不同，它是基于主动性的观看，人的手指可以随时暂停或者快进、后退。除此之外，它是在狭小空间里播放的，或在移动端播放，跟在电视和影院里一定不一样，承载的信息和表现的信息也不一样。所以它对内容的要求跟综艺、电视、电影也完全不一样。

但是后来进入了一个怪圈，我们做的视频不是真的基于用户和市场的需求，而是在炫技。我们是用制作手法和水平来衡量一个视频内容，一度忘记了课程的根本是什么。好在后来在课程的反馈中，用户提到特技或者背景、转场的声音会干扰到对内容的获取。经过反思后，我们明白一定要从用户的需要、接收的信息和理解的便捷度来考虑。

所以不管是用视频还是某些新媒体工具、新媒体技术，都要想清楚用户能通过这个特技、这个技术和工具感受到什么，而不是通过这个工具来炫耀生产者有什么技术。所有的新媒体工具以及所能掌握的技能都是为了内容生产和呈现需要而存在的，要做的就是不炫技、不跟风，踏踏实实地做内容产品，专注于内容。

自己做还是以第三方平台为主

在新媒体的内容生产里面，真的是内容为王吗？在新媒体的真实行业环境里完全不是这样的。好内容是基础和前提，但绝对不是“酒香不怕巷子深”。实际的尝试经验是，当运营 App 时，有好的内容不足以获得用户。因为运营能力较弱时，App 的获客成本非常高，能获取的用户就非常少。所以我们后来做了转型，从以 App 为主，变成了以第三方平台为主。我们把自己的内容放到第三方平台上，利用第三方平台的大流量，在这个大用户池子里获取自己的用户。事实证明我们转向了第三方渠道为主之后，课程的销量、用户的获取都有了提升，对于用户洞察、自我复盘和更好地生产内容是非常有帮助的。

用户获取的基本增长模型有两个。传统获客模型是大家非常熟悉的，即以流量为起点不断做除法的漏斗型模型。首先要把内容放在一个大的流量平台上，让你的潜在用户对你的内容有基本的认知。接着筛选出感兴趣的用户，再去做评估，进而购买，成为忠诚的客户。最后，这些忠诚用户会为内容去做推荐。这个过程的筛选用户比例是非常高的，但确实是最普遍常见的用户获取模式。

这两年有一个更新的模型出现，是一个正金字塔的模型。首先生产出一个产品，这个产品要有一小批的产品粉丝，同时这些粉丝慢慢地可能会变成首次试用的用户，在首次试用的用户里面逐渐扩大出一批使用过这个产品的用户，同时从使用过产品的用户里面挖掘需求，扩展出一些有需求的用户，最后能够找到与这个产品核心匹配的人群，达到整个市场对该产品认知。这个模型中内容产品就是一个起点，它是一个金字塔尖，然后在往塔下走的时候，会更多地考察团队的运营能力和营销能力等。

这两个模型的比较说明，在目前新媒体以及互联网内容的行业里，内容是一个起点，它是后面有可能获取品牌认知度、有爆发式增长的一个前提，但是千万不要陷入内容为王的迷思中去。知识服务行业的社群化、IP化，以及整个知识服务的线上线下结合发展，这三个大趋势的发展都充分地说明了强运营方式已经成为内容行业继续发展的主要方式。

融资越多越好吗

在创业前期进行融资，钱多就是好事吗？未必是好事。

在刚进入某一个市场时，需要做大量的市场测试、产品测试和用户挖掘。如果这个时候获得了大量的融资，你很有可能会重金投入到某一个事情当中去，而忘了前面还有很多摸索和测试的过程。但如果没有这个摸索和测试的过程，很有可能后面就会走很多的弯路。

给大家的建议是在创业初期一定首先要建立精益创业的思维重造。《精益创业》这一本书中提到了MVP（minimal viable product）的概念。MVP是最小的可行性产品，就是说当创业者有了一个创意，对市场有了洞察之后，应该用最小的生产成本来生产出能够把这个创意展现出来的产品，如果测试通过了，再大规模地投入和研发，这能够保证创业者始终处于一个可以随时调整的状态。尤其是在内容行业中，内容产品本身是比较“轻”的产品，更适用于MVP概念。

其次，就是要谨慎虚荣指标。刚开始做App的时候，最关注的指标都是用户激活量、下载量、注册量，但却忽略了订购用户数。当时我们的App已经有百万的下载用户，作为运营半年的App，这个数量已经很多了。但是这百万的下载用户有多少转化成了订阅用户呢？其实远远没有那么多。这个就是虚荣指标，它并不能带来业务的长足和实质性进展。创业者需要找到能够引领整个公司和团队的真正有价值的指标，这个指标能够体现出公司整体的业务是否有发展，而不是外界看来是否光鲜。

创业前期的管理重要吗

创业前期用不上管理？这是绝对错误的。凭借一腔激情，与一些志同道合的伙伴一起创业的创业者很多。这时候会有一种误区，认为各自做好自己擅长的事情就足够了。他们往往缺乏管理思维，认为管理者“管事不管人”。但问题在于激情不是一直存在的，对于团队来说也是这样的，随着团队成员的不断增加，更重要的是要建立一套制度，把自己的目标和团队的目标融合在一起，让大家能够在这个机制下一同努力，共同实现目标。

所以创业者应当从一开始就建立管理思维，建立起一个能够做到内部赋能和创新的机制，才能让内容团队的成员有最大的激情去生产他们认为符合市场和用户要求的内容，才能让运营团队和销售团队知道应该以什么样的方式运营，达到最终的整体效果和目标。

内容创业者的自我修炼之道

第一，有计划地失败。在整个创业的过程中你可能会失败很多次，有一些是大失败，有一些是小失败，可能只是一个课程想法的失败，或者一个运营思路的失败，甚至有可能是整个商业模式、商业计划的失败。在刚开始的时候，失败会带来恐惧，因为缺乏预期。但是永远不要害怕失败，即使失败了也不要停止尝试，而是吸取失败能够给你的经验和教训，把失败当成是乐趣。有计划地失败就是要尝试，尝试的结果有可能成功，也有可能失败，但这是在你的掌控和接受范围之内的失败。

第二，有结果地学习。无论最终创业结果如何，一定要保持学习的状态。不是说你的学习一定要有个好的结果，而是你要有目的地学习，并且把学习运用到你的实践中去。有结果地学习会让你的学习变得更有目的、更有意义。只有不断地学习、反馈，才会有成长。

第三，有担当地信任。当你最初通过价值观的筛选建立了创业团队之后，一定要信任、要放权。但要注意的一点是，信任不代表放任自流。比如说某一个课程效果不是特别好，我既要关注内容团队的内容是不是有哪些不妥之处，又要反思我有没有做到理性的把控，我有没有把整个机制设计得非常完善。有担当地信任，就是在信任的过程中要做好对于结果的预备。

第四，会转弯地前进。创业会遇到很多的困难和失败，这时候要不要坚持到底？坚持当然是好的，但是要首先确定你坚持的一定是对的，这一点不是每个人都能做到的。比如我们从做 App 转到第三方为主的时候，就是一个转弯。及时的转型在创业过程中是必需的，不要害怕恐惧，通过不同的转弯才能螺旋式前进。

很多人问我创业好不好？我说创业很苦，但是创业很爽。身体上很辛苦，压力也很大，但是你可以付出激情，可以验证你自己的想法是不是正确的，并且可以及时得到反馈。在这个过程中你能够认识到世界是什么样的，也能够进一步认识自我。有一句犹太格言说“生活其实没有问题，有的只是不断成长的机会”，创业也是如此。创业中其实并没有槛，有的只是不断成长的机会。

对话姚飞

赵音奇：新媒体的第二个航段还有哪些市场机会？

姚飞：不管大家说互联网内容进入下半场，还是互联网整个进入下半场，更多的是指完全空白的领域几乎没有了。创业者需要做的不再是跑马圈地，而是在一群人之中如何胜出。就像以前没有亲子类、自我成长类的课程，而现在针对女性成长类和亲子类的内容已经非常多了。所以不管是互联网的上半场还是下半场，更重要的都是找到自己的资源和能力所在，生产出具有特色的产品。

赵音奇：核桃 LIVE 是如何签约到这么多头部 KOL 的？

姚飞：第一，不同平台对于头部 KOL 的判断标准不同，我们并不盲目追求大流量，而是有自己的一套标准。第二，最主要的还是老师们对于我们专业能力的信任，以及我们对于老师专业能力足够的尊重。对于老师们来说，他非常关心自己的内容能否让用户接收到，所以我们要具备较强的内容把握能力和对于专业知识的尊重。

提问者：核桃 LIVE 会对小流量的头部 KOL 进行培养吗？

姚飞：会，这也是下一步的方向。有一些素人的专家、老师们对行业本身有深刻的洞察，也有很好的表达能力，缺乏的只是平台和机会。我们也希望未来能继续挖掘出版行业里的畅销书作者，并扩大范围寻找素人。不论是大学老师还是某一个行业的资深从业人员，都是我们发掘的 KOL 范围。

赵音奇：你在谈强运营时提到了社群，您是怎么理解“社群”这个概念的？

姚飞：所谓社群，是以一定目的、一定的兴趣爱好和价值观结合在一起的人群。你组建一个社群，一定是你给大家提供了一个共同的价值观、共同的愿景，并且给他们提供一些服务，让他们能够得到自己想要的东西。

赵音奇：社群是通过裂变来为产品销售服务的吗？

姚飞：裂变是一方面，但其实做社群不意味着一定要做裂变，裂变可能是你不断地去孵化社群的一种方式和手段。我之前说到的社群化、IP 化，还有线上线下打通，其实这些都是社群的呈现方式。比如说我建立了一个减脂的社群，可能人数是不断地通过裂变来增加的，但核心在于你是不是能够不断地给他们提供跟减脂相关的各种各样的支持。比如今天是减脂，后天是健康，可能将来还会组织一些线下的健身群，等等，你不断地给他们赋能。所以，最重要的还是去服务你所面对的垂直人群，对他们需要的内容不断地精耕细作。裂变当然是社群扩大的方式之一，但社群最核心的还是在于你是否能够服务好社群中的用户。

赵音奇：MVP 最内核的因素有哪些？

姚飞：以女性成长类课程为例，我们一开始想做一个系列的名著解读课，团队提出来做 100 本书，我认为这非常不符合 MVP 的原则。首先不知道用户对于我这样身份的人讲书是否能接受，其次我不确定我一定能做好主讲人。所以我们选了 10 本书，涉及不同的领域和方面，包括自我价值、情感、婚姻、成长等。MVP 就是指以最小的生产成本生产出能快速明确地表现出想法和意图的产品，我的想法就是能通过名著解读传递在不同的人生领域的感悟和想法，以及一些书的看法和推荐。所以我们最初的 10 本书涉及的领域是全面的，每个领域各选其一，展现这门课程的意义。这样能够让用户快速理解我在这个领域的基本见解是什么、价值观是什么，并判断他们是否接受。

提问者：为什么选择第三方平台进行合作？有哪些利弊？

姚飞：我觉得对于是要自建渠道和平台还是利用大流量的渠道和平台要看两个方面：第一，处于什么创业阶段；第二，自身已有哪些资源和能力。如果产品已经有很多的用户和很强的市场号召力，自建渠道是没有问题的，剩下的问题就是有没有足够的运营能力和获客能力。对于我们当时来说，我们处在要让原创内容被用户接受，建立起自己品牌的阶段。在这个阶段我们难以同时完成生产内容建立内容品牌和获取流量两项任务。从自身的资源和能力来说，也暂时不具备这样的能力。经过权衡之后，我们认为还是要先建立品牌认知。

关于利弊，首先与平台分成是合作最基本的条件，但我认为这是非常值得的。让出一部分的分成能够使我们有更充足的空间和时间去完成品牌内容的建立。第三方平台在数据洞察和用户分析方面也提供了大量数据支持，比如某一门课的订阅量、复购率和完课率，这对于我们做复盘与后续内容生产都有非常大的帮助。

提问者：女性主题课程在知识付费的领域里是否孕育于男性？

姚飞：我觉得并不一定是这样的。只是知识服务行业刚刚开始的时候，它更能承载信息类、知识类、财富积累类的内容，这些类别所吸引的用户更多是男性。但市场的用户群一定是慢慢扩大的，女性最初没有作为整个行业的主体用户，但是随着行业的发展，关注的用户越来越多。只是根据不同的行业特点来说，男性和女性的进入先后的差别。当范围不断扩大的时候会圈进更多的用户，同时也会圈进来更多内容的生产者。

提问者：您认为读博的意义在哪里，对创业有帮助吗？

姚飞：会选择读博是为了让自己更开阔。我觉得那是一个更大的世界，在那个世界里可能有更多的技能和方法是我没有掌握的，对于我认识世界、发现世界，会有更好的帮助。它让我以一个更高的思维去看整个行业，为我提供了更开阔的思维方式和角度，可以让人从一些狭隘的认知中走出来。

2018 年 12 月 11 日

姚飞，核桃 LIVE 创始人兼 CEO。中国人民大学新闻学院博士，美国宾夕法尼亚大学访问学者。曾担任央视财经频道资深调查记者、主编十余年，曾担任央视财经频道《315 晚会》《味觉大战》《青春季》等多个大型节目策划、总导演。

内容创业的“套路”与“商路”

徐达内

新榜创始人

渠道为王，内容为后

回顾内容创业的历程，我曾经认为是内容为王，但现在却觉得是渠道为王，内容可能是王后。

虽然抖音在过去一年中占据了非常多流量，但目前大家最基础的应用还是微信。微信做到了一件具有革命性意义的事：内容和渠道合一。这件事情前无古人，只有这件事情使得内容创业成为可能。本质上来讲，微信做了一个去中心化的、不干扰、不介入流量分发的环节，把渠道的流量送到内容创作者手里。这说明内容创作者除了自己的灵感和创作能力以外，拥有了能够直接接触C端用户的能力。

我们在纸媒时代也经常说应是内容为王，但报社里面的知名记者很可能拿到的薪水远不及社长、总经理，因为报纸本身控制了渠道，它的发行就是它的渠道。所以即使在传统媒体中，我也认为是渠道为王，不是内容为王，就像永远不是那个最有名的记者拿到最高的工资。回顾内容创业史，也是如此，商业秘密的核心是，现在借由社交网络，内容的渠道成本变成了几乎免费。

2012年8月微信平台推出，微信公众号的诞生，可以把它视作内容创业真正的起点。2014年，新榜成立，开始发布第一个榜单，开始涉及对微信公众号领域的监测和评估的相关业务，随之我们将它扩展到全中国几乎所有的内容平台。

2016年，新榜大会的主题名为“内容创业者之春”。当时微信开始变成全民应用，大量的金钱、人才涌入内容创业，社交红利、平台红利、内容红利这三期红利叠加，出现了草根与精英共舞的春天。

2017年初，新榜提出了一个口号——“内容迭代风起时”。2016年伊始，涌现了几个商业现象：开始出现内容电商，特别是在一些母婴为主的自媒体里；音频、视频在这一年开始比较蓬勃地发展起来；所谓的内容付费、知识付费竞相发展。此时商业模式、介质都发生了迭代，同时平台也加强了争夺，不仅仅是微信、微博、今日头条，也包括当时百度、阿里的大鱼号、淘宝都开始争夺流量，而且更加直接地去产生商业变现。

2018年1月，新榜提出“内容创业进化论”。这个行业变化快到我们可能今天就会发现昨天的事情做错了，也出现了不少追风口的行为。比如非常多的人介入小程序，最后发现没有挣到钱；也有人介入线下领域后，发现原来线上那套方法行不通。大家不断追求一些新的变化和突破点，在内容创业过程中不断进化。

内容创作的“套路”

在此列举一些公众号：新世相、十点读书、视觉志、夜听、一条、二更、Sir电影、兽楼处、黎贝卡的异想世界。在中国目前的自媒体领域，不管是视频、音频、图文，他们可能代表了最头部的内容创业者，也记录了整个内容创业这几年来的一些经历，包含了知识付费、内容电商、广告路线的创作“套路”。

“套路”一：捕获确定目标群体，对的内容和套路要用在对的人身上

“夜听”是个深夜电台节目，以中年妇女为主要用户对象，它生产的内容一般会让女性听众泪流满面。我在自己朋友圈里搜索“夜听”两个字，得到的结果多半是夜听这个账号怎样涨粉、怎样成名的一些行业报道。当我打开太太的手机，关于夜听的搜索结果比我的结果多许多，且里面的文章都伴随着中年带娃妇女的怨气。差别之所以这么大，是因为夜听就是针对我太太这样的用户所设计的公众号。类似的，“格十三”也是个以中年妇女为主的公众号，曾发布过一篇爆文叫《中年妇女优秀不优秀主要看娃》，但凡有这样的文章总会被太太们疯狂转发。其中的套路就是成为中年妇女的“代言人”，这些文章说出了她们心中的积郁，因此受到疯狂转发。

内容如果视作一门生意、视作商业，最好的套路是什么？“爆文”通常来说有三种路径：第一种路径叫“炖鸡汤”，就是说岁月静好，逃离北上广到二三线城市，最后发现小地方平静安稳的日子挺不错的；第二种路径叫“打鸡

血”，不要逃离北上广，只有在一线城市才能实现人生价值，每天挤两三个小时去上班是为实现人生价值而奋斗的过程；第三种路径叫“找痛点”，向中年人贩卖焦虑，向对上升有需求的人去贩卖知识，都是这样的道理。

所以不管是哪一种分发手段，这个世界归根结底都是圈层化的，所有事情都是代言圈层，诉诸共情。共情这件事情不是同情，是感同身受，是宣泄和有人慰藉。这一切对于共情的使用，归根结底是心理学的范畴。

“套路”二：运用内容创作心理学，捕获消费者心智，完成从 CP 到 IP 的关键跃迁

许多内容创作的人会利用人们的思维误区引发爆点，因此会运用到许多心理学知识，可以从中观察到一些内容创作的心理学套路：

人们习惯对随机事件做出因果解释。不是因为这个世界有马云、马化腾，姓马的就一定会成功。但事实上很多人都会习惯对随机事件做出因果解释，比如人们会觉得似乎姓马创业更容易成功，但其实创业跟姓氏一点关系都没有。

人们会依据典型性做出预测是下意识的行为。当我介绍自己拥有超过 20 年内容行业经验，还介绍新榜的投资机构包括华人文化、达晨创投等多家一线风险投资机构之后，人们再去预测我这次创业项目能否成功时，很多答案是肯定的。因为依据一些典型性的行为和特征来做预测，也是人类的一个下意识行为，但这样会使人们忽略基础信息。内容创作的人也正是在利用这样的思维误区进行着内容生产。

如果我们把内容也理解为一种消费品，那内容创作就是在捕获消费者心智，来完成它从 CP 到 IP 的关键跃迁。从占领用户的时间到占领心智，最终就一定能够占领钱包。而以上这些套路，也需要批判性地接收。

内容创业的商业模式

我理解内容本身就是一个连接方式。我们通过内容理解了大千世界、理解了万里之外的某一个人，通过内容理解了五千年前的某一个故事，内容是我们人类连接外部的方式。

过去我们把内容看得太重，一提到内容就说要铁肩担道义、妙手著文章，其实有些内容撑不起这么大的愿景。内容其实是非常广泛的存在，电视剧、电影、综艺、小说，都是内容。如果不看得那么重，内容既可以体现在趣头条、淘新闻这类型的产品中，也可能被山东自媒体村的村民所生产，匹配就好。

要从正面的角度理解内容，从圈层、对的内容分发给对的人这个角度出发。在这个基础上，内容作为一种快速消费品，它将如何赚钱呢？

我现在所看到的内容创业主要的变现模式：原生广告、内容电商、内容付费。

模式一：原生广告

目前为止，原生广告是内容流量变现最普遍的一种方式，特别是有一定的IP属性的、品牌属性的自媒体都会选择原生广告的模式，去切品牌广告这部分市场。根据新榜2018年上半年行业投放占比统计，投放前五的行业分别是：快消品、互联网、美容、金融、3C。

模式二：内容电商

内容电商是2017年在内容领域里开始蓬勃兴起的形式，以IP内容背书实现高黏性转化。广告因为跟内容库存、内容版面数量有关系，有天花板，单价不可能永远提升，但是内容电商理论上来说天花板要比广告高得多。比如“得到”App的前身“罗辑思维”一开始作为内容电商卖书，后来就转化到更有价值想象力的空间——知识付费。

2016~2018年内容电商公众号数量变动由65%增长至68%，新榜指数区间增长11.5%。目前，内容电商在母婴领域、家居领域取得了不错的转化效果。2018年中秋节，公众号一条在上海开了第一批三家实体店，第一天三家店就实现了大概2万单的转化。

模式三：内容付费

第三种模式是以“得到”为代表的，包括“十点读书”“蜻蜓”“喜马拉雅”这样一些以音频为主要介质的内容付费，在这两年获得了非常蓬勃的发展，甚至出现了小鹅通这样的内容付费技术服务商，国内基本上都是使用小鹅通的SaaS服务[①]。内容付费是利用消费群体的垂直性进行商业转化。例如“凯叔讲故事”这个公众号，就是通过对儿童内容的专业把控，实现IP垂直人群的精准商业转化。

---

① SaaS是Software-as-a-Service（软件即服务）的简称。

对话徐达内

内容创业，选择比努力更重要

李小萌：内容创业或者新媒体创业的规律性中有着偶然性，成败都有偶然性，您如何看待偶然性呢？

徐达内：我挺同意这个讲法的，其实内容创业本身也有一定偶然性的地方，而且本身内容创业特别仰仗个人灵感，用句俗语就是老天爷赏饭吃，在我的理解中是因为微信开创了一个内容跟渠道合一的空间，使得内容创业成为一种可能性。但是今天内容创业的时机没有那么好。第一个原因是大家能感受到的大环境的变化。还有一个原因是微信本身作为原先最蓬勃发展的内容生态，在整个流量生态里的地位受到了一定的侵蚀。很多像抖音、今日头条这样的流量平台崛起对它形成了冲击。

提问者：您在创业的过程中遇到了哪些困难？新媒体创业有哪些坑创业者应该去避免？

徐达内：我遇到的困难，罄竹难书。比较幸运的地方是，我们正好在内容创业刚起来的时候加入这个领域，否则掉入的坑更多。我们碰到的困难主要都是我自己的问题，一个企业最大的短板就是 CEO 的短板。

最主要困难有几点：第一点，我自己作为一个媒体出身的创始人有些时候对商业的一些基本的套路还是不够熟悉，这个套路很难用商业逻辑去理解问题，认知方面有一些欠缺。第二点，管人这件事是很大的挑战。现在我们公司 300 多个人，其实不算多，但多地办公带来的沟通成本很高。做企业“慈不掌兵”，要开掉一个人有时候很难下手。这是媒体人创业碰到的短处。第三点，内容创业最大的坑其实就是盲目做大，这是最大的坑，小而美的时候都很好。

几个人的时候问题都很好协商，但是一旦扩大，工作效率反而很难提高。

提问者：我有一个团队，想进行内容方面的创业，苦于找不到合适的方向以及着力点，您觉得应该怎样去发掘自己的这种可能的潜力？

徐达内：首先，我会建议，微信公众号肯定要做，这是一个基本配置。小程序里面或许会有一些机会，微信给到小程序的能力在逐步开放，但内容跟小程序之间的结合，还没有特别好的方法，不过这是一个值得下注的空间。其次，内容付费可以暂且先不要考虑，这是一个相对而言更加讲究头部效应的领域。我们要决定创业，首先不要考虑自己有多厉害，而是要考虑自己是不是不可替代，因为只有不可替代性你才有议价权，这件事情就叫做选择比努力重要。

新榜是给内容淘金者送水的平台

李小萌：新榜不是在做内容创业，而是在做平台对吗？

徐达内：以数据为基础，我们是为内容产业做服务的，新榜有一个口号（Slogan）叫“内容产业服务平台”，服务于内容产业，以内容服务产业，打个比方，大家是淘金的，我们是送水的。

李小萌：作为内容创业者给淘金者送水的平台，在创业的同时，要不要进行规范、素养上的培训，培养自己的社会感？

徐达内：从新榜成立到现在，都在协助网络监管部门做一些这个行业中的调研工作，承担这部分称之为社会责任的工作。因为履行了社会责任，才有可能跟这个社会主流价值观更好地契合。

到目前为止，有一件事是“新榜”作为一家商业公司，却一直希望履行社会责任，这件事我们没有要求商业上的 KPI，于是我们做的一个活动叫“最后益条”，号召一些新媒体自媒体把公众号最后一条推送用来免费做公益行动。前年我们发起了这场活动，发动了全国 1000 多个自媒体，在“99 公益日”那几天发起一个寻找抗战老兵的行动，结果真的找到了这个在缅甸的抗战老兵。[①] 这其实也是新媒体的力量，通过类似于像微信这样的基础设施，新媒体已经成为我们手中最重要的获取资讯的渠道，当然也必须承认其中鱼龙混杂。但如果能利用好这个渠道，包括我们行业的自律、外部监管和规范，它能发挥巨大的正能量。

---

① “99 公益日”是由腾讯公益联合数百家公益组织、知名企业、明星名人、顶级创意传播机构共同发起的一年一度全民公益活动。

提问者：新榜作为一个内容产业服务平台，盈利模式是怎样的？

徐达内：新榜随着经济形势的一些变化，会主动地去做一些业务上的调整，寻找新的增长点。

我们的商业模式主要体现在三个领域：第一个部分是流量运营增长解决方案，背后其实就是数据。我们把更多的数据提供给客户，这个客户既包括企业、机构也包括自媒体。数据来源主要是跟平台合作共享的数据以及通过授权给到的数据。第二个部分是内容创业服务，包括版权分发内容云、活动、社群、培训、课程、用户增长，其中新榜大会是我们全年最重要的活动。第三个部分是内容营销服务，这是我们营收最大的部分，内容通过商业化，且原生广告、内容付费、内容电商三种方式都有涉及。以上构成了我们的三个业务模块。

提问者：您如何看待微信公众号和内容创作的定价系统？如何处理僵尸粉？

徐达内：新榜存在的一个很重要的价值就是这套定价系统。例如中国新榜500强，是目前为止整个行业里在自媒体领域投放原生广告最重要的一个指标。

僵尸粉有两个定义：第一种，纯粹的僵尸粉，即这个微信号本来就不存在，这是一个机器。第二种，当初关注过你，但是已经不看你的内容。这两种不一样，后一种有可能某天因为某个原因确实看到你的内容。大部分公众号里，纯机械的僵尸粉并不占特别大的比例。举个例子，今天非常多的营销号涨粉是通过 WiFi 这个渠道，粉丝关注不是因为内容，而是因为要连接 WiFi。这些人不能算作活跃用户，但的确是一个订阅者。有点像以前公司里订阅报纸却从来不看的人，类似这样的称之为沉默流量。

对于内容创业的信心和焦虑

李小萌：不管怎么样，在现在这个时期，对于内容创业，我们肯定是既有信心又有焦虑的，请分享一下信心在哪里？忧虑在哪里？

徐达内：信心在于内容本身在移动互联网时代，以手机屏为介质这件事上，内容拥有几乎可以说是最强大的流量入口。我们的注意力集中在这里，但手机屏幕太小，没有那么多入口，而内容是最好的一个入口。其次，当我们越来越强调多元化，内容就是最有可能多元化去提供情感方面认知的。从这个角度来说，内容作为流量入口是很有价值的，“渠道为王，内容是王后”，这也是我对内容有信心的一个原因。

忧虑与这个行业的一些变化、自身的创作能力有关系，甚至与内容创作本身不太可能成为一种想象空间大、被资本追逐的生意这件事情有关系。内容作为“王后”不太容易挣到太多钱，主要营收在渠道手里。我们的确有可能通过内容改变命运，很多人通过这种方式挣到了一桶金。但必须承认，如果想持续挣大钱，很可能做内容创作者并不是最好的选择。

李小萌：只要做内容就需要有合理和宽泛的舆论空间，新榜作为平台服务来讲，有能力保护或者争取尽量多的舆论空间吗？

徐达内：微信是个非常好的平台，好在它的那种刻板和那种不讲特例。今天其实一方面我们要遏制住这些造谣的标题党，另一方面自媒体在行使一部分公众监督，尽管自媒体不能代表媒体机构，但是利用这么一个形式产生的舆论监督，使这件事情变得非常有价值。

提问者：我是一个细分行业领域 To B 中做企业服务平台的，做了两年多了，增粉很慢。您有什么建议？

徐达内：做 To B 的粉丝，我认为当然比 To C 的要值钱，我们离它的商业诉求更近，我觉得关键问题是要形成闭环，这件事情非常重要，粉丝多少反而不一定那么重要。另外，做企业服务平台或者互联网最基础的任务，是要做长尾标准化的事情。只有长尾标准化了，把这些用户标准化长尾的需求通过平台方法去解决，这件事情才能成功。

做好内容，需要兴趣和持续创作的能力

李小萌：自媒体人做自媒体是有情怀的吗？什么样的人能做内容呢？

徐达内：首先，做内容这件事情，有很多不可言说的痛苦。肯定还是要有这方面的一些兴趣爱好，才能在这件事情上坚持。如果内容细腻，能感觉到跟读者之间的互动，就会存在喜悦感，所以我觉得本身确实要对这件事有兴趣，这是情怀。

其次，有持续创作能力的人才能更好地做内容。比如“兽楼处”主理人曾经是南方周末很资深的一个地产记者，这段职业生涯积累了他的写作创作能力，特别是持续的创作能力，也积累了他看待事物的逻辑推理能力。创作这件事情是一个每天推石头上山的过程，所以拥有持续创作的能力非常重要。

李小萌：您说很多做自媒体成功的人是从传统媒体转来的，也是从科班培训出来的；同时您也说写的东西公正、严谨、客观，还不标题党的话也就完了。这个矛盾怎么解决？

徐达内：我们要批判性地吸收这一点。我们在做一些事情，包括去面对这个行业发生的变化，很多时候用刻舟求剑的方法去看待，往往是失之毫厘、差之千里。

标题党的存在也是有原因的，微信端这个产品本身的设计导致曝光在用户面前的只有标题，没有图片，所有的注意力都必须放在这十几个字里面，这种产品本身的特质就一定会导致我们今天做的标题跟当年不一样。学校教科书规定说标题一定要这么做，规定多少个字，那个是刻舟求剑。

虽然科班教育、持续的创作能力是传统媒体转到新媒体非常好的底蕴、基础。但也不应该把一些在另外一种介质里的东西全搬到新媒体中。尽管我不赞同过分的标题党，但是现实情况摆在我们面前，我们的确需要去调动吸引力，这当中有一个平衡的过程。

李小萌：作为基本的操守来讲，如何来判断这个是可接受的标题党，那个是不可接受的标题党？

徐达内：不能够接受的标题党，就是描述的这件事情压根就不存在。有可能他有一层意思跟这个意思相近，但至少不能完全背离、无中生有，否则我觉得是不可接受的。但是去做某种程度的引申、总结，个人觉得这样问题不大。

提问者：创作者如何在煽动情绪的低俗内容获得流量和保持本心的优质内容效果甚微中获得平衡？

徐达内：这个事挺难获得平衡的，这跟创作者本身动机有关。如果本身动机只是为了拿流量，其实在微信整个流量生态里，优质内容不见得是最赚钱的。如果不怀着对内容的敬畏，甚至一点兴趣都没有，那内容创业不一定是最好的选择。对于那些认认真真想做内容的人，想做能够被社会主流价值可接受的，或者至少被这个用户人群主流价值所接受的内容的，但是又想获得巨大流量的人而言，我觉得这件事情是无法做到绝对平衡的。

2018 年 10 月 23 日

徐达内，新榜创始人兼 CEO。毕业于复旦大学新闻学院，曾就职于《文汇报》，参与创办《东方早报》，曾以“媒体札记”个人专栏等获“中国青年领袖”称号、亚洲新闻奖（SOPA）。2014 年 11 月创立中国内容产业服务平台——新榜。

IP打造篇

《风味人间》如何讲故事

对话陈晓卿

《新三味聊斋》的复盘与思考

对话刘建宏

打破边界，增强 IP 驱动力

对话周洲

《风味人间》如何讲故事

陈晓卿

腾讯视频副总编辑　稻来纪录片实验室负责人

纪录片如何做好优质内容与传播，我从过去的个人经历和拍摄经验中总结出了五大关键词，即观众、故事、流程、传播及作品感。

观众：创作者定位的决定性因素

首先，做纪录片时要知道纪录片的观众是谁、在哪里。

纪录片有很多种，分类方式也很多，但从制作上可以被划分为两大类：一类是作者类的纪录片，这类纪录片有非常神圣的使命感，很忠诚地记录生活、记录现实，能够体现作者对这个世界的看法，通过截取很多生活里的片段来体现自己对世界、对人生的一些思考，此类纪录片以导演为核心。另一类是商业纪录片，在公共媒体中播放，同时拥有非常庞大的收视人群，大家像看故事片一样观看。比起导演个人的想法，更注重观众的感受。制片人的职责更重要，他决定内容做什么、给观众看什么、看哪些、看多长、节奏是什么样子。

作者类纪录片在阿姆斯特丹电影节、圣丹斯电影节等专业纪录片节上出现，由专业人士进行讨论评奖。而商业纪录片则主要参加戛纳、汉堡电影节以及亚洲电视论坛与市场等，大家一起探讨选题和市场等问题，完成版权的购买。这两类纪录片的世界观不同，采用的方法论也不同。

这对我的震撼很大，让我知道了在拍摄的反映社会现实的纪录片之外，还有一种叫商业纪录片的东西。

《舌尖上的中国》也好，《风味人间》也好，都是商业纪录片。这些片子准确的 DNA 来自英国。

如果说英国模式有什么标签化的东西，那首先就是极致化的叙述，能把大家熟悉的东西说得非常陌生，同时又会挑选大家不熟悉的内容用熟悉的感受进行描述，同时还有极致的体验转换。此类纪录片诞生在20世纪20年代，比如像《夜邮》《漂网渔船》等，走的是新闻传播的道路，用猎奇、新颖、壮观的内容来打动观众，实际上我们走的也是这样的道路。

更重要的是，它的传播有个非常重要的特征，就是讲常识。它的故事、人物一定是趋利避害的，和人正常的思维逻辑是相通的。如果转接到我们自己的节目中，我将其总结为人永远只相信自己相信的内容，自己愿意相信什么才相信什么。就像讨厌一个人，那看他演什么都觉得不舒服。所以当别人问我你做的美食节目为什么与众不同时，我的解释是“我从来没有告诉别人什么东西是最好吃的”。从2011年开始做纪录片《舌尖上的中国》到现在8年的时间，我做的只有一件事情：告诉大家吃到的东西恰好是好吃的，一日三餐的背后有多么不容易。而我说的这些东西，正是大家愿意相信的。

如果所做的东西有99%的人都没有吃过，说到天上去，大家也不会相信它好吃。这就是我所说的“观众是谁、在哪里”，永远不要去冒犯观众。在中国做美食纪录片其实是挺难的，因为中国人深信自己对吃了解的程度，就像巴西人，他们认为没有人比他们更了解足球。连国父孙中山先生都这样认为，中国拿什么到世界上和别人比都有差距，只有一样——吃，我们是世界领先的。

换到普通人的角度来说，在中国任何地方的人，都认为自己站在了食物链的顶端，站在鄙视链的最上层，看见别人吃的都觉得心疼，你们怎么吃这种东西。我们有个摄影师，山西人，第一次回家是因为在海南拍片闹了肚子。回来后他妈妈给他写信说再别去吃那些臭鱼烂虾了。所以“他人即地狱”放在吃这件事上是十分准确的。我当年从安徽的一个小县城到北京读大学，我妈妈非常担心，因为她听别人说北京还要吃杂粮，像红薯、玉米这种东西。她不知道杂粮有多好吃，而且现在杂粮已经比普通粮食都要贵了，这就是缺乏沟通的原因，也是因为食物是神圣不可冒犯的。每一个地方的人吃的东西都是神圣不可冒犯的，你不能说他吃的东西不好吃，但你可以说他吃的东西非常有趣。这就是我们的观众，当我们知道观众是谁的时候，我们就知道你做这个节目需要给谁看，从而构建出观众画像。

在这个节目开始制作之前，我和领导们开了个有关节目创作的会。但我们讨论的不是节目要怎么做，而是节目要做给谁看。一个要问观众想看什么，一个要问怎么能赚来广告。所以我要做的这个节目，更多的是为这两者服务，而且这两者极大地限定了我叙事的方向。比方说在调研之后，我们发现了中国人最爱吃什么，我们就要往那个方向去做。

结论发现中国人最喜欢吃的东西第三名是油脂类食物，像手抓肉、红烧肉，而貌似高端的冷淡摆盘风格的食物并不是他们喜欢的。不是那些食物不好，而是很多人没有吃过，我们要做的是更符合大众胃口的。所以《风味人间》以手抓肉、火腿开篇，一开始就奔着肉去。接下来比这更高一级的则是主食——每次一讲到主食大家的兴趣点就来了。在中国浩瀚的历史当中，几乎每 50～70 年就有一次全面性的灾祸，因此粮食带来的温饱和安全感是深入我们基因的。对于外国人来说吃一块馒头很难有快感，但是对于中国人，主食的那种香、甜，或者酥脆、黏糯的口感，都能给我们带来多巴胺的分泌，这是很有趣的事。最后，排在第一名的是主食包含油脂类食物，就是牛肉面、肉夹馍、汉堡或者秃黄油拌饭这些东西。所以当你得到了这些结论，你就知道你的视点应该放在哪，找到了为什么要这么做的理由。

当一个民族吃饱饭还只有 40 年的时间，我们去高谈阔论其实是不恰当的，特别是一些美食家老喜欢谈论宴席、私房菜、宫廷菜。它们是挺好的，也很美味，但是我不赞同的是把这些东西当成是中国美食的根本。更多的老百姓是在日常生活中获得美食的激励，幸福感是从一日三餐、四季衣裳里面得到的，最平凡的食物背后往往有着灵巧的双手、细腻的心思和转化的智慧。所以我们的灵感可以更多地在这里面找寻，而我们对观众的判断，也决定了我们对食物的表述。回到上文所说，我从来没有告诉观众，什么东西是最好吃的，只是告诉观众你吃到的东西恰好非常难得。

故事：纪录片重要的显性特征

讲故事也是纪录片传播的一个非常重要的显性特征。其实每个人对故事都有不同的理解，我把故事分成三种：

第一种是我们专业人员所说的故事，或者说是好莱坞的故事，往往会有困境、叙事落差，能够带来叙事动力，它能让我们说的事情更有驱动力、更吸引人，更能让人舍不得放下。

第二种是故事的理解，是接近真相带来的成就感。这种理解来自我的一个朋友，他对编剧学有非常深刻的研究。在这个过程中他得到的一个结论是，我们每个人都是社会人，而不是自然人，每天要做的事情就是掩盖真相。当你接近一个人的时候实际上是在剥开他设置的种种影响你对事实判断的东西。接近事实的过程，实际上就是一个故事的过程。

第三种是故事的概念，来自俞正声先生说的一句话，他说故事实际上是个人体验的文学化表达。为什么有时候我们对美国或者欧洲的故事没有相同的体验？实际上就是族群之间的差异和文化隔阂造成的。我们靠谷物为生的民族传统，我们的集体观念、族群观念和严格、细腻的分工观念，让我们在成长的过程当中，拥有了中国人自己的体验。能把这种体验用文学化的手段去表达，这也是一种讲故事的好方法，而且这三种故事概念其实在我们的制作过程当中都有运用。

实际上我们很多故事的训练和打磨，是完全按照一些电影的剧本来实现的。比方说第一集《山海之间》里镖旗鱼的片段。镖鱼是中国台湾遗存的一项古老技法，是一场人和大自然的搏斗，让今天的我们看到了人类捕食的不易。这个拍摄非常困难，大概拍了十天才最终拍摄成镖到了一条鱼的镜头，当时导演都崩溃了，把所有的庙都拜完了。那我们怎么来讲这个故事？我们要做的是关于镖到鱼的故事，所以我们把镖到鱼放到一个合适的位置上，而且最好的是他第一次还没有成功，脱靶了，让人揪心。我们要说好久没捕到鱼了，说这个鱼如何的好吃，然后才会让大家去看这样的故事，这就是结构故事的方法，让它有叙事落差、叙事的动力。同时在这个华彩乐段[①]，我们运用了一整条音乐，是我们的作曲人配合着画面来写的。目前国内很少有在纪录片上花这么大的力气，用作曲的原话说，这是威廉姆斯对卢卡斯的服务，在《星球大战》的时候这么做过，甚至现在的电影工业都不会这么做。但也正是这样的手艺活，才成就了这个惊心动魄的故事，这个故事也是《风味人间》中点击率最高的，这就体现了我所说的故事的力量。

流程：模式的力量与突破

任何创作都需要一个井然有序的模式与流程，同时也需要对模式的突破。商业纪录片和过去我们拍摄的纪录片最大的不同实际上是操作上的不同。过去拍的纪录片，更多的是想拍一个人的故事，需要跟着这个人不停地拍。但我们一个团队五个人，设备每天大概五六千块钱，就希望能在短时间内高效地完成工作，如果三天拍出来，能把故事拍清楚，就是最理想的。为了把故事说清

① 华彩乐段（Cadenza）为音乐术语。原指意大利正歌剧中咏叹调末尾处由独唱者即兴发挥的段落。后来在协奏曲乐章的末尾处也常用此种段落，通常乐队暂停演奏，由独奏者充分发挥其表演技巧和乐器性能。

楚，我们一般都会选一个模式：谁之前拍过这个东西，会怎么拍，我们如何和他不一样。像我们的操作流程大致会分成创意、文案、调研、拍摄、后期这几个阶段。创意阶段基本上是我负责，接下来就会有很长时间的文案阶段。这个阶段需要导演去不停地看书，大概是半年的时间，通过看书、调研，不断地获取专业人员的各种建议和支持，这两个阶段是最重要的。大家可能会疑惑纪录片不是拍出来的吗，实际上真的不是，大部分东西是想出来的。用一个纪录片来讲一个食物的故事，我们需要掌握的材料是特别丰厚的。

比方说第六集《香料歧路》的第一个故事是花椒。关于“花椒爆壳”的故事，我们团队实际上在国内拍了四个地方，最终选择了四川阿坝州茂汶花椒的采摘场景，因为这里经常下雨，导致一年的花椒收成不佳，这就提供了一个极好的故事叙述开端预设。花椒为什么会是中国人没有办法割舍的东西？针对这个问题我们收集了很多的资料，包括背后的历史的故事和渊源，甚至是花椒里的化学分子是什么，为什么这种萜烯类的化学元素会给人带来像橙子一样的芳香，干了以后为什么又会多了一种木质的香气。这些话没有告诉观众，但我们制作者需要去搞清楚这些问题。我经常给编导打一个比方，做一个纪录片像遇到一个冰山，告诉观众的只是露在海面上的一小部分，更大部分我们需要掌握的都在海底下，是看不到的。所以这是文案和调研阶段最重要的地方。

还有就是在整体的过程中，无论是我们还是国外的制作团队，最重要的一个东西就是共识。纪录片尤其是商业纪录片是一个妥协的艺术，也是一个达成共识的过程。每一个导演都有自己的秉性，都有自己做人、做事的方式，纪录片能够让大家尽最大可能完成同一件事情，而且这同一件事情还有每一天的任务，不仅仅是导演、摄影要知道，BBC 的习惯甚至还要告诉司机——他们在路上不停地跟司机说今天要去找一个什么人，今天要跟他做什么，要能遇到什么就好了。每个人都被调动得去参与这个创作，这是片子最终能很好完成的一个前提。

传播：目标是实现两个分享

截至 2018 年 12 月初《风味人间》播出五集大概是 6.2 亿人次的点击。每当我们自己骄傲的时候，《吐槽大会》的同事跟我们说，哦，你们这么棒啊！以前纪录片十集赶上我们一集，现在五集赶上我们一集了。所以如果从传播广泛程度来说，我们只是纪录片里面做得最好的，真正和这个行业里其他业态相比，和好的剧集或综艺节目相比，还差得很远，我们仍旧处于一个边缘地带。2014 年《舌尖上的中国 2》播出的时候，因为央视比较强势，在播出的时段我们都是排名第一位的，而这次大概全国的排名是第五，导演会有点失落。但我认为这对纪录片来说是非常好的，它会有一个非常好的口碑。为了口碑可能要牺牲一些话题性，有些话题可能会让你的收视更高，但是给创作人员造成的心理伤害却需要很长时间才能治愈，反而令人难以承受。

此外，我觉得我们的目标是要去实现两个分享。第一个是知识分享，让我们传达的知识变得更加有趣、不再生涩。BBC《地球脉动》的制片人曾跟我们说过，我们要实现的知识分享应该是面向小学生的。一开始我们对此难以理解，我们做的是高级的文化产品，为什么是给小学生？他说他做的作品都要念给自己七岁的孩子听，孩子听不懂的他就删掉或者换成更粗浅的、能够听得懂的话，因此纪录片的门槛应该不断放低，让享受知识的人越来越多，千万不能卖弄知识。第二个是体验分享，这是我的长项。我从小就是一个特别好吃的人，只要是和我在一个饭桌上吃饭的话，同桌的人饭量就会增加很多，我会说这个东西怎么吃会更好吃。这种体验的分享，实际上也是直指人内心的，它能够通过我们的味觉、视觉、嗅觉以及触觉精确地传达给观众。比如第三期《滚滚红尘》中，在显微摄影下，观众可以看到卤水与豆浆相遇后，如何凝结成豆腐。

像这些东西是过去很难见到的，但是我会知道。比如说日餐师傅，会用一块紫苏叶垫在寿司下面，吃的时候要拍一下紫苏叶，像是把它唤醒了一般，实际上是为了让气味分子散发，让寿司有紫苏的味道，这个过程会觉得非常美妙。螃蟹蘸醋也是这样，我们去咨询了科学家为什么吃螃蟹蘸醋会更美味，他告诉我们螃蟹的蛋白纤维实际上是一种异形蛋白质，遇到醋的时候会打激灵灵一个冷战，我就想一定要把这种“激灵灵”传递给观众，所以我们就在中国科学技术大学的帮助下，完全用拍摄的手法呈现了螃蟹肉的肌理在醋中绽开来的影像。

作品感：用想象力带给观众惊喜

一个片子好与坏，很大程度上是要看它有没有作品感，其实对所有的影视来说，最终有没有电影感，有没有电影的场面调度的感受、影像、节奏，都是衡量节目有没有作品感的重要内容。比如《风味人间》里一个关于勾芡的片段中的镜头使用，从切肉、烧火、打水，到切豆腐、架索面，再到敲肉、加芡粉，就这么一个镜头把制作的环境和劳作的人物全都说清楚了。最后吃的这个东西叫敲肉羹，就是用敲的肉加了芡粉之后，变得非常 Q 弹，颤巍巍的样子，里面再放上豆腐、青蒜，能放的东西都放进去做成一个像盒菜一样的东西。通过这么一个长镜头，把所有的食材、操作流程全都交代清楚，就是一个节目的作品感。

其实这里面还有一个话题，就是现实和表达间的关系。之前我去《天天向上》时，汪涵老师问我，我们拍的吃的和你拍的吃的有什么差别？我回答说，其实这是纪实摄影和婚纱摄影的差异。汪涵老师他们拍的更多是纪实摄影，我们的拍摄则介于现实和表达之间，我们有非常多的要求。首先希望它在复原空间的同时，又能够交代给观众一个完全不同的空间。我们希望在作品感完成的同时，能够给观众带来故事性，即戏剧性。其次是能够带来奇观，像《风味人间》中有些特别微小又或特别宏大的奇观。最后是科技带来的惊喜，比如说在《香料歧路》里的八角干制的片段，我们拍整个壳爆开就拍了好几天。因为总是我们在拍哪一粒，中间那个就一动不动，其他靠画面边缘的却爆开了，得有特别好的运气，才能刚好拍到位于画面视觉中心那一颗八角爆开。

这次我们用了 HDR 的校色技术、5.1 全景立体声的技术，给人带来的视听感受是非常棒的。此外还运用了 CG 技术，比如腌制皮蛋的片段，就是每秒一千多张照片合成的一个 CG 镜头。我们穿透到鸭蛋里面去拍，来展现其内部变化的情形，观众可以看到里面的絮状物会发生褐变，变得越来越浓，然后开始结晶，实现这个过程是很艰难的。

对话陈晓卿

李小萌：从作者类纪录片跨到商业纪录片，这种选择跟您自己的成长是否有关系？比如说年龄阶段、现实对您的改造，包括这么爱吃、性格越来越圆融等。这又跟您年轻时的纪录片理想是否有出入呢？

陈晓卿：会有一些关联，但其实这个说白了是大环境的问题，做纪录片的环境也会让你不停地校正自己。我刚才说了在全世界纪录片的领域里两拨人各玩自己的，我去过阿姆斯特丹电影节，当时国家地理有一个节目去参展。评委们痛心疾首，是我们的电影节堕落了吗？这种玩航拍的节目也能到我们这里来了？他们是相互看不起的，每个人都觉得自己站在鄙视链的顶端。但是有另外一点，就是作者类纪录片的电影节无论是哪一个，如果没有中国导演获奖，那我们会说这个电影节不成功。中国有很多这种独立纪录片导演，他们做得非常棒，是电影节的常客，他们让全世界的人更加了解中国，像周浩、范俭、范立欣等。但是另一个数据可能就比较尴尬，在世界纪录片电视市场中国所占的份额几乎可以忽略。卖片的几乎都是 BBC 等，我们就是去喊加油，或者是买片。我觉得其实从《森林之歌》开始，到后面我做导演和制片人的节目，开始有更多这类商业纪录片的节目出现了，而且卖的国家也越来越多了。无论是《舌尖上的中国》也好，《超级工程》第一季也好，再到今天的《风味人间》，我们需要在这一类的纪录片里面，有一些自己的成就感。

李小萌：一般从一个十分熟悉的工作环境中出来的人都会在市场意识、商业运作上重新地去学习，这个对您好像没有挑战？

陈晓卿：我可能甚至反过来，是有客户跟着我走，就是看我下一步要拍什么，有没有合作的可能，尤其是这个节目播出了之后。老实说我对谈钱这种事不是很擅长。但是我知道只要有特别好的内容，市场是不缺的，市场对内容的需求量特别巨大。而且能够感觉到腾讯作为一个企业，一看到第一季拉来的新用户这么多，在第二季的时候就铺上很多机场、街边的广告，这可能就是商业意识。

李小萌：大家好像向您咨询的都不是怎么做电视，而是怎么吃？吃的选题也会有穷尽的时候吗？

陈晓卿：美国著名的历史学家斯特劳斯穷其一生在研究吃的东西，他本来是研究世界史的，然后研究人类史，最终研究吃的历史，他认为烹饪是人类一切文化的原点。如果人类没有学会把东西做熟，我们现在就是大猩猩，可能要长达十几个小时都在不停地吃东西，因为我们的胃消化不了生食，只有发现火的那一刹那，我们才让我们的胃只有大猩猩的 1/6，我们的脑容量却是大猩猩的 4 倍。所以吃可能是永远说不完的。我也会做自然类、社会类、历史类的片子，但是更多做的还会是吃的。我们下面还要做的纪录片的选题会更有趣，比如中国有一个食物，外国也有一个食物，它们何等相像，就跟商量过的一样。还有一个片子叫《谷物的星球》正在和 BBC 谈合作，也是由我们团队来主导，BBC 的摄制团队来辅助，我们想拍谷物民族和肉食民族的区别在哪里，为什么高加索山这片吃谷物的地方，人们的体质就不如旁边吃肉的民族？为什么吃谷物的人这么有组织纪律性？所以食物揭开以后，也不再只是单纯的食物，而是人类浩瀚的历史。

提问者：《风味人间》纪录片上线的时候，您还有一档衍生的综艺节目叫《风味实验室》，这个《风味实验室》是不是您和您团队的探路，未来是不是有往美食综艺方向发展的计划？

陈晓卿：《风味实验室》实际上是一个轻综艺，这就是过去和现在的很大一个不同，过去我们是某个频道的、某个栏目组的，那你就负责好你自己的节目就行。现在不一样，腾讯的体系很庞大，而且它鼓励你衍生各种类型的节目。如果你要打造一个很权威性的 IP，你就不能容忍有任何商业植入的存在，最多有一些硬广告。那这些找过来的客户怎么办？那就另外围绕着这个话题去派生出新的节目形式。我们本来还有一个《风味之旅》，会带你到我们拍摄的那家人那去，去寻找我们拍的东西到底好不好吃。还有另一档《风味原产地》，针对拍摄地我们会不断挖掘这个地方其他吃的食物，这些就可以允许有比如说车、金融产品、冰箱、旅行社来进行合作。

提问者：您说在文案阶段要看书，那么你们是如何选书的？打个比方，比如我要拍豆腐，就要把豆腐一类的所有书都要看吗？《风味人间》的解说词既精彩但又不浮华，那么你们怎样把解说词写得精彩的呢？

陈晓卿：第一个问题，我们有非常强大的顾问团队，来自三个方面。第一个方面是美食的顾问团队，更多是关于美食的知识。第二个方面是科学顾问团队，他会给我们提供非常详尽的食品科学的知识。第三个方面是学术团队，更多是从农业史、人文地理、人类学、社会学的角度，给予我们帮助。我们的导演可以随时去请教这些老师。书是永远读不完的，但是有一些非常基础的书是比较容易找得到，比如《剑桥世界食物史》，这就是工具书，我们是不可能把它读完的，因为它太难读、太枯燥，只有需要带着目的查找的时候，需要去读它。

另外关于解说词写作的问题，其实在我们撰写解说词的过程中，是由导演先写，然后有一个解说词修改委员会，包括小朋友、导演和我，会共同工作三个通宵来梳理这个词。在这个过程中我说的最多就是三个字：说人话。我们会先把解说词给小朋友看，让他有哪看不懂就直接划掉，然后交给科学家来校对，再交给沈宏非老师润色，最后才配音，所以我们在解说词上花的功夫是非常多的。

提问者：因为现在纪录片市场像类似的美食纪录片也比较多，一般播出一部就会在网上引起比较强烈的反响，在这个环境之下包括刚才像您讲的聚焦现实题材的独立纪录片，应该如何实现收视率、点击率、口碑发酵上的突围？

陈晓卿：我觉得德智体不能都要求，记录时代的就是记录时代的。我很多好朋友，像周浩、徐童，他们是艺术家，是特别让人尊敬的创作者。如果拉着他们去拍这些东西，我觉得也不会特别合适，而且他们也不以这种片子有多少人看为荣，他们追求的是很强的历史感，他们是给这个国家打造相册的人，这是非常至高无上的荣誉。你要想让这类片子好看，我觉得很难。像每年 11 月底有 300 万人会突然涌到只有 100 万人口的阿姆斯特丹，甚至开车去都找不到停车位。欧洲人们闲得会关心这个地球将来何去何从，大家天天在那看很漫长、枯燥的电影，说实话影片大都非常闷。但这跟观众有非常大的关系，就是观众真的有这种精神的需求。换句话说，我们的《请投我一票》《好死不如赖活着》《中国市长》《棉花》，在欧洲的电影院放映的次数也非常高，有着很好的收视，包括在 BBC 的收视影响都很大。

2018 年 12 月 4 日

陈晓卿，导演、制作人，毕业于中国传媒大学。现任腾讯视频副总编辑，稻来纪录片实验室负责人。1989 ~ 2017 年，曾于中央电视台先后担任纪录片编导、栏目制片人及总编导，代表作有《舌尖上的中国 1》《舌尖上的中国 2》《舌尖上的新年》《寻味顺德》等。后离开央视，创立北京稻来传媒科技有限公司，并于 2018 年执导美食纪录片《风味人间》。

《新三味聊斋》的复盘与思考

刘建宏

企鹅体育总裁

投身互联网的抉择

过去电视是中国人获取资讯的主渠道、主阵地，全民节目层出不穷，然而互联网的快速崛起给予传统媒体极大冲击，受众注意力转移、制播模式改变。我作为央视曾经的主持人，出自传统媒体，深有感触，这是一次彻底且全方位的媒体变革。很多人问我为何毅然选择投身互联网，我想借用《三味聊斋》这个节目来分享时代变化下自己的一些看法。《三味聊斋》这个节目其实诞生的时间比较长了，2002 年为了准备韩日世界杯需要提前做一个预热节目。当时是一个谈话类的小版块，我、黄健翔、白岩松就聊，随便去侃；我想既然是三个人，那就叫《三味聊斋》，节目名也就由此而来。在电视时代，这个节目其实比我们想象的火得更快，受众面更广，白岩松说我打出租车，出租车司机都在跟我聊这个节目。连我妈一个不喜欢足球的老太太，都喜欢听我们去聊。后来我们复盘这个节目的时候明白了一个道理：虽然我们也聊黑马、冠军和射手，但我们从来没有聊特别专业的足球知识，我们是围绕着足球在聊一些人生，聊一些感悟，聊一些故事，聊一些经历，这是节目的初衷。

但是 2014 年时这个节目就不再做了，不是台里不重视，是环境发生改变了，2014 年大家对互联网的需求已经跟 2002 年完全不可同日而语了。有一个数据可以分享，2014 年世界杯决赛，阿根廷对德国，120 分钟的时间里全球诞生了 70 亿条关于这场比赛的社交内容，相当于全球不到 70 亿人口，每人发了一条多一点的关于这场比赛的内容，可见互联网和体育已经非常紧密地联系在一起了。

其实 2014 年在去巴西之前，我就已经知道自己会离开中央电视台了，那个时候下定决心，要去看一看互联网。1996 年我就开始成为网民了，之后在互联网开博客，我作为一个传统媒体人，也参与了各种与互联网的合作，包括跟腾讯体育从 2008 年奥运会就开始进行深度合作。到 2014 年我做了 18 年的网民，突然意识到了一点，再怎么使用互联网，你也不是一个真正的创作者，你只是用户，被互联网服务。哪怕与互联网合作了这么长时间，我仍然不知道互联网在玩什么，它们与电视台有什么差别。我完全不懂互联网的逻辑是什么，连接方式是什么，生产模式又是什么。我刚去互联网公司的时候，不能理解为什么公司没有机房和摄像机，每个人只有一台电脑，跟我理解的视频的内容生产制作完全不一样。所以 2014 年我就下定决心，趁着自己还不算太老，赶紧到互联网去看一看。能不能成为一个合格的互联网人我不知道，但是死之前一定要知道互联网是干什么的、怎么干的。我离开的时候还有很多朋友不理解，但是观察现在的媒体环境，可以看到 2018 年的世界杯在优酷、咪咕上都能收看直播，利物浦和曼联的“双红大战”在网络上观看体验更好。

这就是为什么我在 2018 年夏天要做《新三味聊斋》这档节目，我出来已经 4 年了，得跟大家有一个汇报、交代：“你出来 4 年，学了这么久互联网到底学成什么样子了，你会不会在互联网上做节目、做内容?”但我认为不是在传统媒体上会做内容就会在互联网上做内容，这之间不是等号，连约等号都不是。打一个不恰当的比喻，农耕时代和大规模机械化养殖时代都是在养鸡，但是养鸡的办法已经发生了根本性的改变。电视时代和互联网时代的内容，看起来一样，吃起来都是鸡肉，但不是用一种方式养出来的，中间发生了很多很多的改变。

如何制作互联网爆款节目

一是新生代网民习惯已经改变。我给《新三味聊斋》这档节目三个定义：移动化、碎片化、娱乐化。移动化，即通过移动端获取资讯已成为习惯，用户随时随地参与，互动性高。在互联网时代人已经被改变成了一个多任务处理机器，在不同的平台上不停跳转。碎片化消费成为常态，全神贯注盯着比赛 90 分钟都很难，期间会聊天、刷微博微信、看弹幕等。娱乐化大家也知道，体育可以往两个方向走，一个方向是越来越专业，另一个方向则是有娱乐性，除了比赛外，围绕足球、球星、球队、球迷的八卦段子更吸引眼球。世界杯期间你不去关注足球，就会在这一个月里被全社会所抛弃，失去与身边人的共同话题，所以你不可能不去了解世界杯。我们明白了用户的行为习惯后才能制作更有针对性的内容。

二是节目重新定位。一个内容生产者，最不愿意干的事就是重复自己，因为重复意味着黔驴技穷，没有可以发展的空间了。我们十几年前做的节目，聊射手、赛程、黑马，各种各样的东西已经聊过了。如果再去聊，作为一个创作者来说，我是不满足的，所以围绕着这个想法，我们将世界杯与足球的外延变得更大——吃喝玩乐。这四个字一下子就将这档和世界杯、足球有关的节目生活化了，我们把门槛降低，让用户可以没有障碍、没有压力地来接收你的内容，甚至开心地去欣赏你的内容，这样节目才可能有黏性；如果只有资深的九段球迷才能看懂我的节目，点击率就会很差，因为高深和专业会使受众面变得很窄。这就是我们确定的主题，一档足球语境下的脱口秀，更是一档网感十足的泛娱乐轻综艺，以足球为原点，结合网生热点，让 2018 世界杯真正成为全民乐趣。

因此，我们请来的嘉宾中，足球界的人士少之又少，因为一说到吃喝玩乐，嘉宾的范围就被拓展了。张泉灵对足球一窍不通，但是那期节目创造了流量的奇迹，有一个小段落得到了 5000 万的点击，因为她从投资人的角度分析内马尔、梅西、C 罗谁更有投资价值，切入角度新颖，从而吸引了不同类型的观众。

三是制作团队、主持人形象年轻化。我们的导演、策划团队基本上都是“90 后”，只有我一个“60 后”。因为现在互联网用户群体不断更迭，只有年轻的创作团队才能制作出更符合年轻人胃口的内容，我一边跟他们一起创作，也一边互相学习。他们给了我一个定位：“你老大不小了，再叫哥也不太合适了，就叫你叔吧。”围绕着足球萌叔这个形象可以演变出很多含义、内容，在内容创作中可以有机地融入这些元素。这些元素在做节目之前就已经讨论完毕了，没有对这些元素的理解和认识，是几乎不可能做出一档完整的节目的。

四是确定节目形态，创新节目内容。前 12 期世界杯预热节目，我们采用录播模式，这样既保持节目的本质，又能够做更多的传播，同时也增加了网络用户喜欢的内容，比如时尚、美酒、大猜想、塔罗牌、玄学和宫心计等与互联网相关的热门话题。世界杯开幕的当天我们播的就是大猜想，因为越接近比赛开始，内容要越靠近比赛，这时候热度也起来了，你自然就可以跟上这个节奏。

世界杯开始之后，节目形态发生改变，变成直播。因为热点更新太快，一场比赛一结束，马上就把上一场的热点覆盖了，一天比赛结束之后头一天的热点就不在了，所以你不可能再去用录播的方式，只能用直播。头一天发生的事情第二天立即围绕它设计内容进行生产和播出，才有机会扣上世界杯的热点，不能有任何的拖沓。后 12 期节目主题紧跟赛程、赛果、热点和争议，比如德国翻车、巴西哑火、世界杯冷门大盘点等。

我们甚至主导了一个团队，利用人工智能做了一个线上服务，你对哪个球员不熟悉就直接问它，巴西队的 7 号或者法国队的 23 号是谁，它都能够提供相关的服务。虽然我认为这个产品不是非常成熟，但是我觉得作为一个做内容或者做创业的人来说，永远要有探索的精神，去尝试最新的技术。很多时候你做了十件事情，八件成功了，还有两件没成，而有时恰恰是没有成功的事情对你的未来更有启发。人工智能在未来的节目制作和互联网传播过程当中，一定会起到非常重要的作用，只不过现在还不知道怎么用它，还需要我们不断地去挖掘。

运营是节目的海陆空联合作战

我们常说一云多屏，但只给自己披件外衣不能实现华丽转身，只有把自己从一个传统媒体人变成一个互联网人，才可以做到一云多屏。一开始我也认为我是在做节目，后来我才知道我真不是在做节目，我是在做内容。《新三味聊斋》在网上的传播量是 50 亿，节目所产生的量只不过才 6 个亿，在其他方面所产生的流量是 40 多个亿，哪个部分是核心很难说。

你看上去在做一个节目，但实际上你又不是只在做节目。我们这次几乎把所有的手段、渠道和方式都用上了，有长视频、短视频、微博、抖音、头条，是一个完整的传播矩阵，才形成了关于内容的立体传播，而不只是一档节目。原来做电视的时候我们像是一个航空母舰，开着这个航空母舰出来，觉得自己所向披靡。但是在互联网时代，你光开一个航空母舰你绝对走不了多远，因为别人是海陆空全有。所以互联网一定是“海陆空”的方式，是纵深的，是联合的作战体系。只有建立了联合的作战体系，你才能把这个事情做好。

我们想要打造“1 + N”的内容体系，即围绕一档主体节目，衍生多形式的内容。对内容本体的推广，我们采用了常态推广和热点推广两种方式。常态推广主要包括节目开播前预热和二次传播发酵。值得一提的是很多有趣的内容得到了再分发的机会，比如塔罗牌预测节目，在世界杯开赛后，我们根据命中情况进行二次炒作，再度提升节目关注。邀请的嘉宾确实预测到了 C 罗会遇到经济上的问题，结果他税务上真出事了，我们又把那期内容拿出来进行二次传播，说你看这个塔罗牌预测得太准了。她最神的是预测到了西班牙队将有重要人物在开赛之前离开球队，结果是西班牙队的主教练离开了球队。

热点推广首先是结合比赛本身进行策划。举个例子，我们会结合着音乐、女人、玄学、美食、服装、荷尔蒙、36 计、汽车等主题，和 32 强发生很多的联系。今天西班牙要登场了，把西班牙的女人、美酒、汽车等内容从往期内容中提取出来再传播一遍。36 计播完了，但是当西班牙出来的时候我又播一遍 36 计，你很有可能再重新去看我的节目或者重新温习其中的某一个片段，既是线性的，又是这种横向的，甚至有的时候还能拉回来。总之这就是互联网的特点，它不是电视一次性播完完事。通过这个节目我想明白了，不再纠结于电视的那些东西了，这才是真正的互联网时代做内容需要去思考的。

此外，我们还结合节日、社会热点进行策划，比如“六一”儿童节我化身“大儿童”制作了一系列宣传物料，最后我们整体输出的是“足球萌叔”形象。作为一位专业足球解说员，我其实也是一位搞怪、亲民的可爱萌叔。团队计划通过打造个人全新反差形象，以短视频、表情包为主要传播形式，突出“萌点”，实现以个人流量带节目。最终效果不错，在节目结束后很多在微博上和我交流的网友都管我叫叔。互联网需要蹭热度，传统媒体也会这么去做，但互联网更需要体现创作者的灵活和机动。

有了好的内容，宣发也很重要。节目主要的播出平台是腾讯体育和咪咕视频，但秒拍、抖音、微视这些短视频平台，社交平台微博、微信，资讯平台今日头条，门户类、体育类网站也全部都用上了。这既是线性的，又是横向的，以播出平台为主、自媒体平台为辅，着力宣传节目的娱乐性综艺性，再利用门户垂直网站，补充彰显节目的文化性及丰富的精神内涵。

脱离内容，其实互联网本身有很强大的生产和推广能力。比如说抖音，我一开始没有把它当成一件很重要的事情在做，但是创作团队要求我去拍、去卖萌。我后来想了想，既然要改变，没有脱胎换骨，没有那种撕裂的感觉，是改变不了的，于是就逼着自己做了，拍了很多幽默的短视频，确实点击率很高，有好几百万，相比在传统媒体做节目时候的点击率还高。还有一次在今日头条做直播，直播时视频只有几百万的点击率，而结束后到了晚上 12 点，突然增加到了 1000 多万，这就是今日头条依靠算法，将其推荐给其他可能感兴趣的用户，不断裂变，最后反馈得到一个较高的数据。

不换种思维，做不好互联网内容

创意只是互联网工作的 1%，剩下还有 99% 的工作等待你去做。前 12 期节目上线的时候，同时有 30～40 条短视频同步上线，这才是流量的真正来源。因为连一场比赛都无法专注的人，怎么让他一点都不会离开地去看一个谈话节目？作为创作者无法要求用户行为，但可以把其中很多段落主动拆分出来，让用户去看一些感兴趣的内容，他也许有时间能多看看，没时间看几段也可以了。这个过程里面，究竟是看直播的人多，还是看集锦的人多？绝对是看集锦的人多，其实我们也在做这种尝试。

但是假如时光倒退到 4 年前，我是百分之百不会这么思考问题的，之前做《足球之夜》，就是导播一说结束，就真的结束了。节目播完以后进入资料库了，永远不再出来，除非你调出来。现在节目上线了以后，就进入了运营阶段，需要关注和比较不同的位置、渠道、平台、流量，需要思考这个为什么好，那个为什么不好。突然发现西班牙队主教练离职了，马上把相关内容拿出来再去播。因为运营，节目永远是活的。运营永无止境，节目上线推广和传播，离最后画个句号还早。这就是不同的平台、不同的生产工具，带来的是运营思维的改变。你如果不从这个方向发生根本的改变，是做不好互联网内容的。

所以回到之前说的话，不要认为在电视台会做内容，进入互联网就认为自己天生会做内容。不换种思维，你可能只能做其中一块内容，并不能够成为一个内容生产运营的整体驾驭者。

中国电视今年 60 年，我 4 年的学习和 24 年的工作经历几乎占据了一半的时间。我们这代人很幸运，赶上了电视真正在中国的黄金的发展时期。1993 年《东方时空》出来之后，1996 年出现了《实话实说》《焦点访谈》，后来还出现了很多优秀的节目，中国电视最优秀的一批主持人也是在那个时代出现的。但是为什么现在有些乏力？为什么大家开始纷纷转移阵地？有很多特殊的原因，但有一点是大家不要去回避，就是互联网代表了先进的生产工具、生产力，它已经成为主流，没有必要再去把它当成是旁门左道，或者是难登大雅之堂。

我自己在学习新闻史的过程中，其实也知道这一点。人类为了信息的传播和沉淀发明了语言，然后是岩石上的壁画和羊皮、竹简上的文字，活字印刷带来了知识的爆炸，再往后出现了报纸，才进入到现代的信息传播时代。20 世纪 20 年代广播发展后，报纸担心广播会取代自己。电视 50 年代开始高速发展后，广播又紧张了，担心电视会取代了自己。互联网会不会取代报纸、广播、电视？以我这几年的实际经历来说，我认为一定会的，因为它们最终会变成互联网的产品，它们在互联网上都有升级版。这是一个早晚会到来的趋势，也是我做这个节目的一些深刻思考。

对话刘建宏

拥抱变化，打破常规

李小萌：什么决定您是一个主动拥抱变化的人？

刘建宏：体育告诉我要拥抱变化，因为我是做体育的，我知道一个球队要想获得比赛的胜利，一成不变是不可能的。阵型会随着对手、时间、比分的变化发生变化，没有一个人是一成不变的，弗格森 70 多岁了，还在研究新的阵型，还在研究新的足球理念。所以我觉得变才是这个世界真正的规律。既然如此，顺应时代和潮流才是对的。

李小萌：如果有一个平台可以给您足够的经济上的支撑、尊重度，您是不是还愿意专注在您的足球里面？

刘建宏：这个问题挺好的，我也想过。刚才说我们这一代人很幸运，赶上了中国电视的黄金期。但是又很不幸，我一个学广播电视的人，为什么逼着我要去转型？假如我是一个美国的电视工作者，我也许就像你说的做一辈子电视，不用去想转型。但是中国国情不同，具体到我们所从事的行业，也有特殊的行业情况。这个时候只能是你去选择，两害相权取其轻，没有两全其美或者十全十美的。

提问者：从创业公司角度而言，在“文明人”（比如体制内人员，处事相对温和）和“野蛮人”（底层打拼上来，狼性强）两类人中间，您现在会更偏向于选哪种人才？

刘建宏：很简单，选能够让公司活下去的人，包括我对自己的要求也是一样。我之前跟公司的同事开会的时候还在说，谁威胁到了公司的生存，谁就走人。我经常会告诫我自己，我是一个商人、一个管理者，就得对公司的命运、未来负责。假如有一天，我以前在那种象牙塔里所形成的一些传统的思维、惯性起作用，要让我仁慈了，对不起这个事我可能不能干。我一定是会把自己怼回去的，其实那个东西一定在，几十年培养出来的东西你说没就没，那是自己骗自己。

李小萌：内容的标准是什么？如何在流量和专业度之间取舍？

刘建宏：我刚才好像是一个互联网的歌颂者，不停地在唱赞歌。但我也要说互联网仍然是处于初级阶段，因为还没有形成所谓的规范，互联网的技术不停发生改变，标准也在相应改变。我将《新三味聊斋》定义成一个大众传播的节目以收获点击量、传播率来作为我的方向。如果我做另外一档节目，定位一定就不一样了。根据平台和产品特性的不同，打法就要随时改变。互联网产品绝不是千篇一律的。我们需要不断学习。互联网产业之所以在今天被大家如此看重，是因为他打破、瓦解了很多原来的产业格局，又重新黏合了其他产业。体育产业还是体育产业，但是它的产业形态被重塑了。

提问者：在内容生产的前期策划和准备上，可以分享一下您的经验吗？

刘建宏：我们先说互联网的内容，互联网是一个非常民主的平台，可以让每个人都有机会参与进来，给每一个人一到两次闪亮的机会。但不是有了UGC就不要PGC了，我只能说，要把学院派里的糟粕去掉，学院教会你太多起承转合，你一起范儿，人家就会认为，你是庙堂之上的人，跟我一个乡野村夫有差距。互联网是讲究平等的。网上很多大流量视频都是搞笑的，局座也是用自己特殊的方式产生流量，各种题材都可以产生流量，唯独一点，一定要把起承转合这些不需要的东西去掉，互联网需要有话好好说。

互联网教会我的三堂半课

提问者：从央视主持人转身成为前乐视体育COO，再到现在的企鹅体育总裁，经历了多重身份的转变，您对于互联网有什么思考和收获？

刘建宏：实际上《新三味聊斋》这个节目就是我想借此给大家作一次汇报。当然心里面也想，世界杯来了不能没有我，我还得出来跟大家见见面，要不然大家就把我忘了。但其实我真心想的是给大家做汇报，你在互联网到底学了什么？你原来的那些看家本领可能不在了，你有没有新的能力？至少我想向周边关心我的，还有那些体育用户、体育爱好者传递一个声音，就是老刘这4年还是学有所成的。

这4年的时间我老是跟别人说我上了三堂半课。第一堂课叫互联网课，你不进互联网公司永远不知道人家是按照什么逻辑在操作，内在的链条是什么样的。

第二堂课是创业课，我的创业过程虽然不算特别完整，但比别人要完整一些。虽然乐视体育死得很快，但是它搅动了中国的体育市场，所以我对它的形容是陈胜、吴广揭竿而起，天下应者云集，虽然最后是刘邦坐了天下，但是一个时代发生改变的时候，总需要有陈胜、吴广。乐视把传统格局打乱后到现在也还没有形成新格局，还在江湖乱战。

我现在又开始了新一轮的创业，中国体育一定是朝阳产业，以目前中国体育产业的基础和水平，我们未来的空间绝对是非常巨大的。最早说体育产业是慢产业的是我，我说要做好打联赛的准备，需要一个漫长的过程。在这个过程中公司必须活下去，不断地发展壮大，把现金、创新业务和管理很好地结合起来。

第三堂课是管理课，在互联网行业实行KPI① 就如悬在你头上的一把剑，督促着你往前跑，怎么实现协同，怎么实现高效，怎么实现公司的正能量，这都是作为管理者我要思考的。

最后半堂课是资本课，以前我不主要负责融资，但需要不停和投资人见面，回答投资人的问题，这为今天奠定了基础。我可以在马上开始的B轮融资前，想想我当时是怎么见投资人的，他们都问了我什么问题，做好准备。

体育产业必将迎来春天

提问者：未来体育营销上存在哪些创新机会？您怎么看待体育营销？

刘建宏：我首先有一个定性，未来比较高级的营销形态，体育营销一定是其中之一。因为不管是城市、地区做自己的这种营销，还是说品牌、机构做自己的营销，体育营销都是最高级和最有影响力的营销方式。为什么这么说？其实改革开放40周年发生我们在身边的不是大政方针的改变，那个东西其实都是通过媒体告诉我们的，真正让你感受到改革开放40周年的是你生活的转变。小时候吃不饱，改革开放第一件事是让我们吃饱，所以饭馆就多起来了。第二件事，吃完了就喝，央视“标王”出现了秦池。喝完了以后大家觉得不开心，

① 即关键绩效指标法，是用于衡量工作人员工作绩效表现的量化指标。

干嘛？唱，卡拉 OK 遍地都是。再往下还不舒服，干嘛？洗浴、桑拿、足疗，各种享受的形态不断往上升级。

到了体育，终于发生变化了，体育和前面的所有事情都不一样了。前面的要么是口腹之欲，满足了你的味觉、生理需要。到唱歌就变成了你的听觉，按摩变成了你的触觉，全都是在享受。但是只有体育是不一样的。去健身房撸铁、跑马拉松是一件很容易的事吗？出一身大汗，都会累得你腰酸腿疼，各种不舒服。这就是体育的最大不同，体育就是靠先折磨自己、蹂躏自己，先把自己的身体压榨到了一定的痛苦程度，然后才获得快乐，然后才通过汗水，通过多巴胺、内啡肽这些东西去体会出那种快乐，运动不到一定程度是分泌不出这些东西的，就体会不到这种感觉。那种身轻如燕的感觉，汗流浃背后浑身通透的感觉，把所有的包袱全都扔到脑后的感觉，体育会给你。

高三考大学的时候，我每天还要去踢球。踢完球之后，你仿佛能听到汗从自己身上冒出来，看着汗掉在地上，然后整个人真的是有一种飘飘欲仙的感觉。你只有体会了体育的这些东西，才知道体育为什么吸引人，再去说体育的团队精神、法治精神、民主精神和各种竞争的精神。依次往上去走，体育的这种社会价值都会体现出来。

所以我认为体育营销，一定不能只是跟他们放在同一层面上去进行 PK，那就矮化了自己。一定要告诉城市、品牌或机构，玩体育营销才是更高级的形态，是代表了未来的形态，才是真正更好的。要让这些人去理解这些事情，带着他们去感受到这些东西，才能够真正把体育营销做好。如果他们都不理解体育，不知道运动的快乐是什么，又怎么能够知道体育营销的价值在哪里？在这之后再告诉他们互联网有很多新玩法。一句话总结，过去的体育营销是割裂的，市场是市场，品牌是品牌，广告是广告，销售是销售，在互联网体育营销之前是这样一种形态。

我们现在思考的是把市场、广告、品牌和销售、数据、体验打通了，线上和线下打通了，做成一个完整的体育营销体系。我觉得这个产品更有杀伤力和说服力，我们在努力做这件事情，《新三味聊斋》就是一种尝试。

提问者：您对当下体育产业的未来抱以怎样的看法？如何带领公司在产业寒潮中存活？

刘建宏：中国体育经历了黎明前的黑暗，最黑暗的那一刻连资本也变得非常冷酷了，就是好项目，他可能也不会很痛快投你。但是反过来去想，敢抄底的人最后都是在资本或者证券市场上大获成功的人，追涨的那些人永远都不会有什么大收获。这个市场上不是没有好项目，只是考察投资人的眼光。说句实话，很多投资机构并不了解体育产业。这4年的时间，我也在完整地思考体育产业是什么。我们之前是媒体人，现在是产业人，这中间还是有一个很大的过程的，这个过程我还没有完成，但是我在努力地让自己加速完成。我的想法还是要带着这个公司杀出重围，我们最终一定要在中国体育产业的春天到来时成为百花园中的一朵花，而不是被这个冬天给冻死。不管你在顺境还是逆境，你都得给自己长本事，下次还遇见这种情况怎么办？想了想，就想出对策来了，马上用这种对策，再去面对同类问题，效果就不一样了。你可以第一次输，表现不合格，但是你不能第二次、第三次还是不合格，要学会在失败中吸取教训，找到解决方法。

提问者：体育产业的春天在什么时间节点？

刘建宏：我觉得2019年可能还是一个蛰伏期，2015年、2016年热得有点过头了，所以一定需要一两年时间回调一下。但是到了2020年，特别是奥运周期，一定会出现一个新的开始。

2018年12月18日

刘建宏，著名主持人、足球评论员。曾任央视《足球之夜》《天下足球》等节目制片人，多次解说世界杯、欧洲杯等重大足球赛事。是中国体育界获得“金话筒奖”第一人。2008年入选“中国奥运报道主持人国家队”。2014年出任乐视体育首席内容官、联席总裁。2018年俄罗斯世界杯期间，与多家互联网平台合作，制作并参与了多档节目录制，包括《新三味聊斋》《宏观世界波》《这！就是世界波》等。2018年正式加盟企鹅体育出任总裁。

打破边界，增强 IP 驱动力

周　洲

有养创始人兼 CEO

互联网大内容时代形成“白热化”竞争

互联网技术发展到现在，已经进入了大内容时代。什么是内容？内容就是用户愿意花费时间获取的信息，是用户觉得有价值、想要知道的事情，好的内容会让大众愿意传播和分享。仅从 2017 年的数据来看，腾讯、阿里、百度等中国现在最具代表性的互联网集团公司都在进行内容创业，淘宝、天猫等电商交易平台也在大量生产内容，腾讯视频、爱奇艺视频和优酷视频等网络视频网站更是专业的视频内容生产平台。

在全球范围内，最具代表性的一些企业和公司，包括苹果、网飞（Netflix）、亚马逊，它们最初都不是专门做内容的，可是现在同样也有大量的投入在内容领域。以网飞（Netflix）公司为例，它是一个流媒体公司，但 2013 年就开始投资《纸牌屋》。当时这个项目的估值是 100 多亿美元，现在已经是 1800 亿美元，5 年时间里他们投入的内容估值翻了十几倍。近两年他们在内容上的投入也呈现出相当大的增长，从 2015 年的 45 亿美元到 2018 年的 70 亿美元。

网络内容是中国现在最热门的内容。以网络综艺节目和短视频为例，国内网络综艺的总量每年在非常稳定地攀升，2016 年国内网络综艺节目的数量是 129 部，播放量 460 亿。2017 年数量是 197 部，播放量达到 552 亿。这 552 亿中，播放量前 10 的网综占据了整个播放量的 42%。

再看投入部分，2017 年网络综艺节目整体的投入资本大概是 50 多亿元人民币，头部节目单个投入资本是 2 亿 ~3 亿元，头部内容在整体内容市场里已经有特别明显的优势，这意味着对内容的投入越大，就会获取越大的收益。由此可见，优质的内容会被用户买单。

而在短视频方面，2016 年中国的短视频开始凸显，接着形成“白热化”竞争。在近两年的发展中，短视频的生产由专业生产内容向用户生产内容方向发展。所有人都是短视频的制造者和生产者。有数据预测，2016～2020 年，短视频的用户会从 1.53 亿逐渐增长，直冲 7 亿。2018 年短视频用户已经达到 3.53 亿，中国人每十个人里大概就有三个人是短视频的使用者。这一年中，短视频的市场资本规模也已突破百亿元大关。

垂直内容的大众化

短视频客户端在近年中国应用客户端下载量排行榜中长居前位，短视频垂直类内容提供竞争激烈。

基于儿童教育、传媒行业 20 余年的从业经历，加入互联网行业创业前我一直在思考，父母的教养方式其实决定了每一个人未来的成长，可是在中国这个内容市场里，很少有专注于做父母教育的。所以，2016 年底，有养建立了。我们确定要做中国首个专注于父母教育的内容平台，为 0～12 岁孩子的父母提供体系化的原创父母教育视频和个性化的父母成长知识服务。为什么叫有养？因为我们的用户是以父母为主，你要把孩子培养得有教养、有修养，你要给他养分，好好地把他养育长大。

从“娱乐内容”吸引为“知识学习”，从“内容入口”升级为“内容平台”，从“看完即走”沉淀为“深度用户”，有养希望可以倡导父母学习变成一个长期、高频并且具有黏性的过程。

综合知识、情感、营销的垂直内容矩阵

有养的内容矩阵包括网络综艺节目、PGC 短视频和知识付费产品。借由这三个板块，打造一个“超级入口”，它能够整合知识、情感和营销三大入口，体现出成本低、分发效率高、消费场景丰富的特征。网络综艺节目是流量入口，作为有养的品牌扩音器，唤醒中国年轻观众对父母教育的认知。再用短视频矩阵来提供体系化的专业父母教育内容，让用户沉淀下来。当用户认为父母教育确实是一个需要被唤醒、学习的内容时，再为这部分用户提供精品课程。

网络综艺节目是品牌扩音器

有养用三档垂直的网络综艺节目连接了母婴育儿教育产业。在政策引导下，明星亲子类的网络综艺节目应当放下明星光环，引导专业科学的父母教育内容。首先，我们确定了节目的定位，要聚焦父母的角色身份，关注普适的问题，让节目具有亲切感和实用性。其次，专家应当作为节目的重要角色，提供专业的教育理念和方法。最后，也要充分发挥延伸节目的 IP 效应，延伸到生活场景和学习场景之中，打造节目 IP 衍生相关的课程。

《耐撕爸妈》是有养与腾讯视频合作的第一档网络综艺节目，这个节目获得了超过 5 亿播放量，是同领域垂直网综第一名。我们围绕应当如何成为好的父母进行策划，每期邀请一位明星和一位育儿专家，就一个普适性的话题进行讨论。我们希望通过这样一档专家评析、八方来辩的脱口秀节目，引领年轻一代父母育儿观念升级。

另一档网络综艺节目《不可思议的妈妈》是首档明星和素人妈妈结合的育儿成长挑战秀。结合国情来看，妈妈对孩子成长的影响占比会比爸爸大。我们希望更多的观众，特别是妈妈们，在看到节目中这四组妈妈和孩子在一起经历各种各样的挑战时可以引起反思、得到启示。有养专家团参与策划了其中教育实验和专家彩蛋的内容。《不可思议的妈妈》第二季最终取得了播放量超 10 亿的好成绩。

《爸妈学前班》作为中国首档父母成长观察实验，没有孩子，只有父母，他们来到英国，接受英国皇家育儿师的课程教学和考验测试。这是网络综艺节目的 2.0 时代，参与节目的父母是真正到学校进行全方位的父母教养方式课程学习并进行社会实践，整个内容全部在英国录制，展现沉浸式过程，体现的是原生家庭、夫妻关系、亲子关系和生命教育等内容。同时，节目还衍生出更多能够帮助父母、教育父母的全方位内容产品，如明星同款课程、测试。节目在豆瓣获得最高 8.3 分的评分，腾讯专辑内播放量也超过了 6.3 亿次。

网络综艺节目作为有养的扩音器，成功带来了品牌效应，为平台进行了很大程度的引流。沉淀到现在，有养的微信公众平台已经有 200 多万的粉丝，这些粉丝不是通过营销手段获取的，而是通过网综等优质内容引入的用户。

短视频矩阵沉淀深度用户

最早做《耐撕爸妈》时我们就思考，吸引大量粉丝后，如何能留住他们。

除了网络综艺节目外，还要有一个核心的团队，为了沉淀这些粉丝进而转化为用户去做体系化的内容，这就是短视频矩阵。

作为垂直内容矩阵最重要的一点就是传播内容必须高质量和高价值。当有养确认要做短视频并且形成垂直内容矩阵的时候，我们首先做的一件事是与中国的头部育儿专家建立合作关系，共同打造了近 10 档节目，不断输出最核心专业的内容，如《有养 100s》《天王急诊室》《育学园最有养》等。同时，我们也扶持签约的专家自己生产内容，为其提供更精良的制作、更精准的传播。

有养内容生产有一套完整的评价和控制标准，整个过程里包括选题会审机制、内容创新机制、作品奖励机制、运营技术人才培养、内部培训保证以及建立全球智库。我们还搭建了一套父母教育体系，横向按照 0 ~ 12 岁孩子的年龄，纵向按照孩子生长发育的规律，对于父母最关注的问题梳理出了几百个关键词并且不断更新。通过这样的设计，用户可以精准地找到符合自己孩子年龄阶段父母需要学习的内容和需求的服务。

打破内容与广告营销的边界：广告即内容

20 世纪 90 年代，我在央视做内容的时候，内容与广告几乎是没有关系的，只是在内容中间会加一些贴片广告，这些广告也仅仅是突出产品的纯广告片。而今天，内容即广告，广告即内容，每一个人都可以成为广告的发布者，每个人都可以有自己的微博、微信，甚至会有自媒体，去做内容营销的事情。无可置疑，自媒体的产生会对传统的广告公司和 4A 公司①带来巨大的冲击，现在的广告主也会有更多内容上的需求，要求内容要直指人心，让用户接受。

所以，现在内容和广告的边界已经越来越小，我们要打破这个边界的核心就是要把内容和广告更好地契合，让用户产生共鸣。如今，视频已经成为最容易被消费的内容，那么应该如何通过视频内容打破与广告营销的边界呢?

有养提供针对 0 ~ 12 岁孩子父母的内容，受众以家庭为单位，现在常说家庭升级，所以为品牌提供基于内容整合营销的解决方案是有养这两年的发展核心。我们可以看到，母婴和育儿行业在整个市场里拥有百万亿元甚至是千万亿元的消费市场，每一个品牌每年都有自己营销的预算。小切口有着大市场，要在有限的预算里为这些品牌提供更有效的营销，让更多的人接受和喜欢这个品

① 4A 公司即 American Association of Advertising Agencies，美国广告代理协会，指代理国际品牌，具有国际影响力的广告公司。

牌，有养在针对受众需求做服务的同时也为品牌做内容，即整合视频内容制作、父母人群策略洞察、垂直内容分发、顶级专家矩阵、垂直行业及平台资源整合，为品牌提供一站式的营销方案。

有养既服务契合有养行业属性和价值观的人群，又注重引领其他行业的品牌进行整合内容营销，从垂直向切入，触发更强大的市场，所以有养的客户不仅仅是母婴和育儿单一领域的客户。

举两个例子：第一个是和 Blueair 的合作。品牌愿意在整个针对家庭消费的垂直领域跟有养合作，是因为有养不是给他们出广告策划方案，而是基于有养对父母教育的洞察给他们提供基于专业生产的节目策划，在内容之中把他们的产品、品牌和价值观呈现出来。在 2017 年底和 Blueair 合作推广新款口罩时，我们结合有养短视频 PGC 节目《Yes or No》，即让用户回答关于出行、空气、环境等 10 个问题，并用身体投票选择站在“Yes”或“No”的区域。它在全网的播放量很好，这种形式拉近了产品与用户的距离，从而传递出品牌的核心理念。第二个例子是与好莱坞电影《奇迹男孩》的合作。这个发行公司预算有限，因为电影的故事和家庭有关，他们就找到了有养。这次合作在 2018 年拿到了有“广告界奥斯卡”之称的 ADMEN 奖。我们没有请明星代言，而是做了 12 条视频，通过在父母教育或育儿行业里有影响力的人对电影核心的诠释，让大家了解《奇迹男孩》究竟讲了怎样一个故事，有温度地升华了电影所要传达的深层的东西。

正常情况下，预售票在电影上映前一周售出量应该在 10% ~20%。我们在电影上映前半个月开始进行营销传播，通过有养垂直内容平台、MCN 和签约专家的自然传播，最后发行方提供的数据是预售票的售出量提升了 30%。这是一种很不一样的营销手段，我们通过内容在垂直领域突出和强化价值观，去匹配不同的品牌和不同的营销需求，做到了相互赋能。这就是打破内容与广告营销的边界。

打破垂直内容与知识传播的边界：服务用户需求

短视频可以说是互联网媒体的第三个文本时代。视频的场景和音频的场景不太一样，音频的场景是开车、跑步等，但是视频的场景更能够消磨用户的时间。视频文本时代的到来，是因为视频内容最易直击用户的内心，产生共鸣。长视频是在说文化，短视频是在说当下，它的接收成本很低，所以短视频又成为新的流行文本。有养对自己的内容有三个要求：有用、有趣和有感，对于知识服务和短视频的内容，我们更强调的是有用和有趣。

有养第一款知识服务类短视频是《有养 100s》，现在已经播出了近 200 条视频。这 200 条视频都基于有养父母教育体系，每个视频围绕一个关键词展开，在 100 秒的时间里主持人和专家快问快答，100 秒的时间能够传达 15～20 个问题，平均 3 秒钟就可以让用户了解一个知识点。这是在有养整个 PGC 短视频矩阵里影响力最大、最受用户喜欢，也最易于传播的一个形式，是最具代表性的打破知识边界的产品。

还有一个节目叫《天王急诊室》。一个教育问题有多维度的解释，比如心理学、生理学、脑科学甚至是行为学，每个专家的角度都可以准确解读一个家长或者是一个家庭里最关注的育儿问题，2 分钟左右，用户就能在不同维度的知识中寻找到解决方案。有养在不断地探索和思考如何打破用视频节目呈现知识内容的边界，因为知识内容有的时候很难用视频解释，所以未来我们还会研发不同的专业内容。

短视频从问题出发，激发了粉丝深度探索与学习的需求，所以我们成立了有养学院。有养学院通过课程学习、社群以及线下沙龙等形成对用户形成服务闭环。当粉丝通过网络综艺节目或短视频了解到有养，我们要提供更全面的认知体系让粉丝变成用户。我们把它分为三个维度：知识传播、焦点课程和拓展内容。首先，我们要给大众提供普适性知识，进而沉淀到焦点课程，最后根据不同家庭的个体差异，给一些愿意深入学习的父母提供精品的拓展课程。

打破观众和用户的边界：激活与共情

还有就是如何打破观众和用户的边界。内容和用户之间的关系是在内容创业中最大的一个问题，我们强调的是发挥视频内容最擅长的能力：与用户共情。用内容去连接和激活用户最核心的价值，我们在制作很多视频内容的时候，要能够触动普通观众，并且和他们产生关系。

例如在 2018 年新年，我请了七位好朋友，包括张泉灵、李小萌等，发起了“给孩子的一封信——超级慢递”活动。连续七天，每天分享一个嘉宾给孩子写的一封信，进而号召所有身为父母的用户给自己的孩子写信，以此期待用短视频激发用户和自己孩子的感情连接。

通过这七天的特别节目，我们收集了几万封用户写给自己孩子的信，他们或者是手写，或者是通过邮件，或者是通过微信公众号后台发给我们，我们会把这些信在他们指定的时间寄到他们孩子手里。这是情感的连接，用户觉得这个内容和自己有关，不仅会被触动，还可以参与到内容的生产中。有养所传递的亲子关系、教养方式，都是用户可以参与实践的，并且觉得是对他有益的，这就是在内容创作中，成功地激活了用户，打破了情感的边界。

用户最看重内容是否打动自己、是否与自身有关，所以内容生产要用价值来创造连接，网综《不可思议的妈妈》也是这么做的。通过对用户画像的深度理解来延伸场景，我们打造了一套叫做《2 小时帮你成为不可思议的妈妈》的课程，把孩子送进常青藤学校的 8 位妈妈，她们是如何通过时间管理、运动管理、特长培养等不同的方式教育自己的孩子。我们也给用户推荐多样的测试，比如说妈妈成分表等，来建立和用户的连接。

打破内容与产业的边界：形成产业思维

最后是如何打破内容与产业的边界。当你还停留在产品思维的时候，我们已经进入了产业思维的时代。对于深耕于父母教育的内容创业公司来说，我们要明确我们的产业来自母婴行业、教育行业、育儿行业以及家庭消费升级的行业，要了解这些行业的痛点，并且用产业的思维去形成内容创业的生态链，也就是说必须去和所有的行业做连接。把自己想象成是一个桥梁，可以打通品牌、教育机构、线上及线下、娱乐和内容，等等。把所有的维度都打通的时候，就可以去撬动或者影响这个产业。

有养从《不可思议的妈妈》这个网络综艺节目 IP 衍生出了“不可不学”小程序，在这个小程序里，我们根据节目内容策划了父母教育方面的测评，并上线了三款专门针对父母的线上课程。此外，还建立了“有养”小程序，紧跟当下的媒介潮流。通过这两个小程序可以达到对用户画像的进一步深度理解，从而更加多元化地提供内容，并确保内容可以智能触达每一个用户。

有养学院则打通了线上、线下的界限，既包含线上的父母教育课程内容，又包括学习社群和线下沙龙。到目前为止，除日常社群直播课程外，有养已经发布了接近 30 个系统的学习课程，其中有一部分是跟专家合作引进的课程，还有一部分是我们与专家智库自主研发的，例如《父母必修第一课 | 成长规律系列》《明星同款课——爸妈必修 · 最有效的家庭教育基础指南》《育儿不焦虑：8 堂父母认知必修课》等，并且在个人用户群体中取得了一些收益和成绩。

现在时代强调的是，做内容创业时，不能只研究自己的产品，而是要思考整个产业处在什么样的时代和状态。无论进入哪一个领域进行创业，都要配合消费升级的步伐。在产业升级的过程中，必须抓住产业链中的痛点，才能做到突破和创新。

对话周洲

赵音奇：您的创业起点是什么？

周洲：我很感谢在央视的二十多年让我得到了很多成长，但是到后期我遇到了自己的职业瓶颈。在后期的几年，我一直在思考自己到底要做什么，我未来的职业生涯是什么。我想我还是会做自己擅长的事情：一个是做内容，一个是专注于孩子。我自己也成为母亲，每天要面临孩子提出的各种各样的问题，于是我努力地学习，很努力地做一个好妈妈。后来想是不是可以把这些心得和资源分享给更多的朋友，依然做媒体的事情，去传播内容，最后我选择了创业。

赵音奇：您觉得央视二十多年的工作背景带给您什么？

周洲：从央视离职出来做内容创业的人都有一些成绩，我觉得离不开央视这个“黄埔军校”对我们的培养。我们有底线，有坚守，有执念和工匠精神。我们不会随便地妥协，或者说我们不会对付，我们希望把内容做好，要对得起我们前央视主持或者前央视制作人的背书，这点是我们这些正在进行内容创业的人的共性。正是因为有自己的坚持，所以我们的内容才可以在这个行业里有一些竞争力。

赵音奇：创业过程中，最让您省心和操心的分别是什么？

周洲：省心和操心都是交织的。因为我们本身就是做内容出身的，所以我们的核心竞争力就是拥有还不错的、非常有情怀的制作团队，所以团队对我来讲是最省心的。但令我操心的也是团队，因为对我来讲最大的挑战就是管理。每一家公司都是从工作室到公司到企业这样一个升级，而我觉得我们现在还处于从工作室到公司的过渡和升级。从一个小办公室升级为一个真正意义上的创业公司，我们需要科学管理，要洞察市场，分析市场。

赵音奇：从央视主持人到网络综艺节目主持人，您是怎么适应这个转型过程的？

周洲：一开始我很紧张、很忐忑，后来我发现其实保持真实就可以了。脱口而出的就是最真实的状态。我喜欢网络综艺节目的状态，它呈现出来的都是真实的人性。当然我也非常感谢在央视二十多年的历练，让我不可能说出一些无底线的话，做父母教育本身更需要这样。

赵音奇：对大学生的职业选择有什么建议？是鼓励直接创业，还是先到体制内锤炼一下？

周洲：我觉得不要违背自己的内心。要相信自己的感觉，去选择最能给你带来快乐的、你最喜欢的事情。人生快乐是最重要的，因为快乐所以才会自信。我也不认为现在有养的创业就是成功的，我们仅仅做了两年，还有很多需要探索的，也面临很多挑战和困难，但并不意味着我如果提前几年创业就没有这个困难，我有的时候在想，如果我二十多岁创业，不会像现在心智这么成熟，承受压力的能力或者耐力有这么强，所以我觉得每个阶段都是最好的阶段，我觉得现在的有养和未来的有养我都应该去欣赏，就像对自己的孩子一样。

提问者：女性创业者应该如何处理工作和生活的关系？

周洲：特别是对于女性创业者，这是一个非常大的挑战。我可以做到的就是在有限的时间里有质量地陪伴家人，不错过孩子的成长。但是你选择了创业这条路，如果真的想把这个事情做好，一定会有影响，所以创业者要有坚强的意志和很好的身体，包括遇到情感上的困惑和遗憾的时候，你也要有坚强的意志，在创业初期的时候坚持下去。

提问者：有养的收益主要是来自整合营销和用户付费，您更希望未来朝哪个方向发展？

周洲：有养希望自己能够成为一家真正意义上的互联网公司，肯定是希望未来的发展是向用户知识付费这方面扩张和迈进的。我非常追求品质，当我们有品质的用户付费类产品不断增加，这部分的收入比例也会随之变化。

提问者：随着用户基数的增大，有养是否会考虑做一个专门的 App？

周洲：当然。未来 App 的体验更好，但是运营成本会增加，所以目前不会冒进。我们希望有养是一个健康发展的趋势，所以在已经有了技术团队的情况下，我们想借 2018 年小程序爆发，嫁接研发自己的产品。通过一个相对比较轻的产品去研究用户，测试用户体验，在这个过程里再做迁移。

提问者：您觉得有养领先行业的重要因素是什么？

周洲：有养的核心竞争力是我们创业团队的基因，并且我们选择的行业是一个蓝海[①]。制作是我们的优势，我们的品质感很强，有养所有的产品都应该是有质感的、可以直击内心的、可以影响到父母的。我们另一个竞争力就是我们的专家智库团队。有养的未来是做平台，“周洲”只是一个能够整合各种更好资源的人。通过这些资源来聚集中国乃至全球最专业的专家，帮助有养把内容做得更专业、更国际化。

提问者：您对有养的未来期望是？

周洲：我刚刚创业的时候希望有养可以成为未来中国父母的第一入口，这是我的一个愿景。一年后，我跟整个团队换掉了“第一”的表述，我们希望做中国父母最好的入口，让中国的父母相信有养提供的内容。无论是知识的内容还是体系化的服务，还是未来有养可能会呈现出来的实物类的产品都是丰富可信的，并且对于他们来讲是最好的选择。

2018 年 10 月 9 日

周洲，有养创始人兼 CEO，前央视资深主持人。父母教育理念先行者，创办有养，致力于成为全球有影响力的父母教育内容平台。出品《耐撕爸妈》《爸妈学前班》等节目。

---

① blue ocean，是一种没有恶性竞争、充满利润和诱惑的新兴市场。

平台探索篇

挖掘音频的价值

对话张强

探索媒体的边界

对话李政

垂直领域的内容创业与转型

对话王宇翔

挖掘音频的价值

张　强

蜻蜓 FM 创始人兼董事长

我是互联网行业的老兵。从北京邮电大学无线通信专业毕业后，进入上海电信工作，当时上海电信开始建设国内第一个互联网拨号接入网，并在此基础上建设互联网门户网站“上海热线”，是中国最早做互联网的企业。我很幸运地成为“上海热线”的创建者之一，这让我非常早就接触到互联网。“上海热线”是中国当时的第一大互联网网站，新浪、搜狐、网易那些门户都是后来才出现的。从“上海热线”离开后，我决定继续投身于互联网行业，后来和朋友们一起做游戏社区、开发网络游戏，创立了第九城市，见证了“奇迹”“魔兽世界”的崛起，以及公司的上市。

搭建内容平台是我期待了很久的事情。因为内容的生命周期非常长，在任何时代，无论传播手段如何变化，人们对内容的渴求是不会改变的。我发现，在 PC 互联网时代从未有过音频类的内容平台，所以，在 2011 年，我创立了蜻蜓 FM。

借移动互联网风潮　开拓网络音频处女地

PC 互联网时代，固定电脑上网的局限性，使人们主要通过视觉接收信息，基本没有用耳朵的机会。对于“听”的需求，除了来自收音机，用户只能用电驴下载，再导入到 MP3 等移动电子设备中，使用体验极为烦琐，内容也很局限。

2011 年之后，以 iPhone 为代表的智能手机的快速普及，互联网正式进入了移动互联网时代，这让我看到了网络音频市场的机会：

第一，音频的伴随性。收听音频无须占用双手双眼，人们可以边听音频，边进行家务、通勤、游戏等活动，伴随性与移动互联网的移动性有很强的结合点。

第二，音频的使用场景，与用户使用视频、文字的场景有所不同。

第三，广播电台的内容尽管很丰富，但还远远不能满足用户的需要。

2011 年，我们推出了蜻蜓 FM，名字与“倾听”谐音，当时的品牌口号是“倾听世界的声音”，它聚合了绝大部分的电台，在手机上的体验感很好，远超手机内置收音机的一个 App。蜻蜓 FM 很快获得了用户的喜爱，通过运营和用户自主传播，获得了大量用户和知名度。很多用户选择蜻蜓 FM 的原因是：家里已经没有收音机了，而蜻蜓 FM，相较于传统电台，这里有更多、更想听的内容。

在运营中，我们也发现一个有趣的现象：超过半数用户每周都听音频，而且人均收听时间很长，我们平台的数据显示，平均每一个用户在蜻蜓 FM 上的日均收听时长为 130 分钟，这个数据远比视频高得多。这可能跟音频的伴随性有关，在听的时候还可以干别的事。比如在城市开车，在堵车的场景里，音频收听会非常长，这是音频的优势。另外，音频的用户黏性强，蜻蜓 FM 发现听音频的用户很容易养成固定的收听习惯，某些用户在一些特定场景下必听音频。

有声书炼成记：版权、主播和自制

随着音频商业模式逐渐成形，许多机构、内容生产者都开始尝试音频，音频的人群渗透率也达到了一定规模。但是，音频要想达到和视频一样高的渗透率，还得深耕用户、下沉市场，提升内容丰富度，使其能够满足每个用户层的需求。

网络音频内容形式主要分三类：（1）广播电台节目；（2）播客类节目，由各领域大咖、明星、专家、电台电视台主持人、草根个人主播、机构等开办；（3）有声书，包括有声小说、广播剧、多人有声书等类型。

其中，有声书已经成为我们十分重要的内容版块，得益于近年来中国阅读市场的飞速增长，有声书现在是我们付费音频中复购率最高的一个类别，达到 80%。在这里，用户听有声书的时间可长达 3 个小时，因为有声书的情节节奏会让用户有连续收听的欲望。

实际上，将文字内容制作成有声书，尤其是多人有声剧、广播剧是有一定难度的事情。在音频行业早期，内容变现效率较低，主播录制有声书获得收益很慢。时间长了，主播觉得没有收益，不想再继续下去，就只能换另一个主播接上，这时用户的体验就会变差。音频用户对声音的依赖性很强，不习惯突然换声，此外，有声书的录制后期出现制作不佳、主播口音等问题，都会使用户感到不适。基于此，我们非常重视有声书的制作质量，不断提高对于品质的要求。

蜻蜓 FM 是音频行业中最早布局有声书产业的平台。在成立蜻蜓 FM 之前，我已经创立了有声小说版权公司央广之声，为有声书的版权和制作积累了一定经验。近年来，我们还在探索打造更符合互联网形态的广播剧和多人有声剧。2016 年，我们制作过一部业界口碑品质很好的广播剧，叫《太平洋大逃杀》。这部剧由反映真实案件的特稿《太平洋大逃杀亲历者自述》改编，聚集了王学兵、张译等明星大咖、声优，力求真实再现，节目一经上线就进入热门榜单，收听数据也突破千万次。

现阶段，针对有声书我们已经有了越来越完善的制作标准，并签约了大量有声书的声优，还发起了“天声计划”来选拔更多优秀主播。我相信，音频行业在有声书领域的道路还很长，蜻蜓 FM 未来还会有更丰富优秀的有声读物呈现给大家。

音频 IP 的体系化构建：内容打造与宣发变现

播客类节目 IP 的开发是一个生机勃勃的市场，它伴随着网络音频平台的崛起而出现。早期，许多主播出于兴趣爱好，注册成为音频主播上传个人节目，通过内容获得粉丝、听众。近年来随着商业模式的逐步成熟，优质主播开始获取商业收益，高晓松、蒋勋、梁宏达、许知远等大咖名人也独家入驻我们平台，一起做大和分享音频内容红利大蛋糕。我们的内容团队会和主播共同进行内容策划，分析主播的听众构成，出品高质量的音频节目。

音频是大咖进行互联网内容尝试最轻量的方式。蜻蜓 FM 是张召忠退休后第一个尝试合作的内容平台，我们合作的《局座悄悄话》《局座时评》等音频节目，让他变成了平台上的“网红”，他的听众很特别，尽管他已经退休，但是粉丝非常年轻，他的节目给蜻蜓 FM 带来了大量年轻的用户。《蒋勋细说红楼梦》是蜻蜓 FM 付费专区最受欢迎的栏目之一，截至 2019 年 3 月，节目播放量已达 2.4 亿次，还有高晓松的《矮大紧指北》，上线首月就有 10 万用户付费订阅。

我们通过对音频 IP 进行衍生开发、加强主播与听众双向互动等方式来升级内容服务形态，以此打动用户、和用户产生信任关系，提高用户与平台的黏度。2018 年，我们支持“佳士得”举办的蒋勋大陆首次展览——上海“天地有大美”画展，画展中许多画作的说明铭牌上都印有音频二维码，观众扫码即可收听蒋勋对画作的亲口解说。同期我们还举办了艺术讲座，讲座在平台开放报名不到两天，名额就被抢订而空，很多听众更是特意搭乘飞机前来。

但是明星 IP 终归是少量的，头部明星更少，大咖是所有平台抢夺的焦点。因此，要持久保持优势平台就必须有制造 IP、孵化明星大咖以及自产优质内容的能力。已经有不少主播在平台上从大量中长尾主播中成长成为头肩部主播，同时平台进一步助力他们生产有料、有趣、有品的节目，构建忠实的听众群，形成 IP。只有具备主播 IP 的打造和运营能力，形成平台商业闭环，才能凸显平台真正的实力，获得长足发展。

移动互联网时代，信息愈发碎片化，然而受众的注意力是有限的。优质的内容加上高质量的宣传推广才能更好地引起用户的关注。当前蜻蜓 FM 的节目宣发方式不仅限于节目发布会、电视广告，还有站外品牌联动及多渠道分发等形态，我们紧跟媒体技术进步的步伐，做融媒体的传播策略。

内容付费：音频市场的消费升级

免费和付费逻辑的不同之处在于，免费是想要更多用户收听节目内容，而付费很难让每个用户都自掏腰包，平台一定要对用户分层，寻找垂直品类用户的付费点或者刚需点，以此打动用户才能产生付费行为。

由于音频早期发展以一、二线城市相对高端的用户为主，这类用户对知识的渴求更足，想要抓紧一切可利用的时间来获取知识，而在双手、双眼被占用的场景下，收听音频是他们节省时间、汲取知识的最好方式。

知识付费的风潮于音频形式出来，这跟音频的伴随性特点有着非常大的关联。罗振宇“得到”打造的《薛兆丰的北大经济学课》、马东的《好好说话》、高晓松与我们联合出品的《矮大紧指北》都是付费产品的代表。

目前付费产品主打四大类别。

第一种是技能提升型，比如马东的《好好说话》，教人怎么打交道、提高情商。这类付费产品能很好地让用户去了解原来不能了解、没有机会了解的技能知识，可以很快形成对技能的一个大概认知。

第二种是个人成长型，比如蒋勋、高晓松、许知远的节目，帮助人们提升个人审美能力和层次，陶冶心灵，提升个人精神层面修养。

第三种是垂直赛道，例如近年兴起的儿童教育类内容，儿童教育是一个非常重要的音频垂直内容品类。例如音频平台有很多睡前故事，晚间播放给孩子来哄睡，这对于忙碌的家长来说是节省时间的最佳方式，并从而延伸出母婴、K12 教育方向上的音频节目。

第四种是以有声书为主的娱乐类内容。

就内容变现模式而言，从单一的流量广告变现到内容付费时代：深耕精品内容制作，让听众付费，这表明现在音频行业的发展趋于成熟。而在面向广告主的营销类品牌节目上，我们也开始挖掘更多玩法，打造具有创造性、趣味性、突破性的内容。

例如我们为舍得酒业合作定制的广告节目《舍得智慧讲堂》，邀请我们的独家节目《老马日日评》的主播、经济学博士马红漫担任主播，在谈论名人日常工作生活中的舍与得的过程中，潜移默化地将舍得酒业的品牌根植于消费者心智中。既贴合了广告主的品牌需求，又为平台增添了有趣的节目内容，真正实现“1 +1 >2”的积极效应。

另外，我们自制的优质节目也成为广告主争相投放的对象，例如英菲尼迪冠名的创投类节目《第一个一千万》，主要邀请年轻的互联网公司创业者，让每个创业者讲述人生中赚到的第一个一千万的心路历程。

音频领域有很多内容可以挖掘、创造，还有很多细分领域可以探索、延伸，我们期待更多热爱音频的创作者加入进来。

未来突围方向：深耕内容、全场景化

以蜻蜓 FM 作为国内首家音频平台成立的 2011 年算起，音频发展到 2018 年已经 7 年，在一、二线城市中，音频的渗透率已相对较高，然而在三、四线以下城市，音频的渗透率还很低，行业整体依然面临较高的渗透率压力。

如今，5G 时代的到来将带动整个互联网产业进入物联网（IoT）时代，在那时语音成为人机交互的主要方式之一，而在语音交互场景下，音频的渗透机会将大大高于现在的屏幕交互场景。

拿汽车场景来讲，自广播电台时代，汽车就是音频的重要收听场景。目前中国市场有两亿多辆乘用车，一半以上司机会在行车途中打开收音机，就是说有至少一亿的日活跃用户。这为广播电台带来了一年 100 多亿元的广告收入。

然而，车载收音机的内容表现形态、互动性、内容的丰富程度都有一定局限性。汽车的互联网化已是一个必然，并正在一步步走来。目前，蜻蜓 FM 与福特、沃尔沃、宝马、奥迪等多家车厂和 TSP 厂商合作，支持蜻蜓 FM 音频内容收听的汽车超过 1000 万辆。

另外，家庭场景也将是音频突破点。未来，任何家居产品都会联网，IT 巨头们已经开始通过智能音箱在抢夺家庭场景的入口，而所有的智能音箱都需要音频内容来支撑。目前，蜻蜓 FM 已内置智能家居及可穿戴设备 3700 万台，包括小米、百度、阿里等品牌的智能音箱，以及海信、TCL、苹果、华为等品牌的智能家居产品和可穿戴设备。

未来，绝大多数的智能硬件产品都将是音频的重要渠道，并成为我们搭建的音频全场景生态圈的一部分。相对发展已较为成熟的视频、文字产品，音频在未来仍拥有更为巨大的发展潜力。与此同时，拓展音频的内容品类、储量，也是我们正在着重布局的方面。

IoT 时代来临后，我相信音频产业能够实现更快速的人群渗透，形成真正的爆发式增长。过去，音频可能就是一个配角，但它即将站上舞台中央，与视频、文字产业并驾齐驱。

对话张强

李小萌：您怎么看不同的内容被不同的音频 App 分流的现象？

张强：任何繁荣的行业都是如此，所有的流量不会只在某一个平台上。当有平台能打造爆款内容 IP，并依此成功进行内容变现，建立起完善的商业闭环，必然会吸引更多人进入行业。这些人是内容生产者，也或许是针对垂直领域的平台方，但总的来说，他们的出现为整个行业带来了新的势能，也将吸引更多用户了解行业。

李小萌：罗振宇、王凯本身都是内容的提供者去带领团队创业，您并没有在内容上有深入的生产，比如我一定要做什么样的内容，通过蜻蜓 FM 的平台传达什么样的三观？

张强：在信息海洋中，真正能够给用户创造价值的内容注定稀缺，汇聚最多品质内容和播客的平台终将获得更大空间。正如我们平台的品牌口号“更多的世界，用听的”所寓意的，我们想要为用户打造一个音频的世界，但是，这会是一个最具品质感的音频世界。

提问者：您鼓励大学生创业吗？对于那些有创业想法的创业人，您对他们有什么建议吗？

张强：在合适的方向下，如果他本人具备条件，我觉得值得鼓励，最关键的是需要真正知道自己擅长的和决心能力所在的地方，这一点很重要。

提问者：蜻蜓 FM 曾经有没有过做智能音箱的想法？

张强：还没有智能音箱的时候，我们考虑过做硬件。但是，我们的战略定位很清晰——“拥抱生态”，加之做硬件和内容平台所需的能力是完全不一样的。蜻蜓 FM 坚持做自己擅长的事情，并建立积极的内容开放平台生态，与智能音箱、车联网、智能家居厂商建立深度合作。

提问者：农村市场的潜力十分大，那对于蜻蜓 FM 来说，农村市场是怎样的？以及未来对于打入农村市场是否有相关计划？

张强：首先要了解到农村用户需求所在，生产跟用户相匹配的内容，再去渗透用户群体。渗透的方法有多种，举个例子：一些互联网公司在农村用刷墙的宣传手段，发现效率最高。但是，核心是用什么内容去匹配用户，这需要多重尝试。

提问者：您创业初期的融资经历是怎样？您当时劝服投资人的愿景是什么？现在实现到什么程度？

张强：蜻蜓 FM 的 A 轮由创新工场投资。是在我们已经发展了一定数量用户，设想了未来音频市场的发展空间的背景下，我们与创新工场建立了这样一个联系。当时的我们相信音频在今后是一个很大的市场，这一点在某种程度上来说现在已经实现了，虽然，目前音频的渗透率还不能跟文字、视频并驾齐驱，但这是我们一直在努力并相信的方向。

提问者：蜻蜓 FM 俘获用户的关键优势是什么？

张强：早期蜻蜓 FM 之所以能发展起来最重要的原因之一是我们选择了一个非常好的切入点，一是产品体验，二是内容服务。作为一个内容型平台，我们的核心是内容，行业的竞争本质上是内容的竞争。

2018 年 9 月 25 日

张强，蜻蜓 FM 创始人兼董事长。北京邮电大学工学学士、中欧国际工商学院 EMBA。曾创建上海热线信息网络有限公司，网络游戏公司第九城市联合创始人。2011 年，创立中国首家网络音频平台蜻蜓 FM。

探索媒体的边界

李　政

36 氪合伙人

“贩卖”趋势，而不是“贩卖”焦虑

36 氪到底在做什么？传统的东西就不提了，从 2016 年左右开始，我印象中焦虑变成一个特别流行的词，什么人都很焦虑，这时候就会出现很多商业模式，很多人会说谁谁谁在“贩卖”焦虑、制造焦虑，等等。其实焦虑不是被制造出来的，一定是客观存在的。但是做媒体的会发现焦虑是可以通过一定渠道去进行大量传播的，所以我们增加了很多渠道在传播焦虑。在那个时间点坦率地讲，从 36 氪的角度来说也增加了很多焦虑用户，但他们来到 36 氪其实是一个不一样的感觉，就是会想办法去解决自己的焦虑。很多人是在赚娱乐的钱，而 36 氪其实是在帮大家省时间。

在这个前提下，为什么有这么多焦虑的人选择看 36 氪？最重要的原因是看不清趋势，为什么看不清趋势？因为现在这个世界商业变化得太快了，与此同时，商业推动了社会文明，产生剧变。想象一下如果没有百度、腾讯、阿里、滴滴、谷歌、苹果、微软等公司我们现在会怎么样？现在年轻人对淘宝购物习以为常，但是要知道我 2001 年买第一个手机是通过新浪商城，当时觉得太神奇了，竟然有人把手机送到我的宿舍里面。所以这个世界在不断变化，我们的生活也日新月异。

比如说以前用淘宝、京东，从 2018 年开始很多人开始尝试用拼多多，拼多多又给大家创造了什么价值。在此借用两句话：第一句是大润发黄明端在大润发被收购的时候说的：“赢了所有对手，却输给了这个时代。时代抛弃你的时候，连再见都不会说。”第二句是猎豹移动 CEO 傅盛说的：“外界环境不变化，那么你的持续积累是优势，当外界环境快速变化的时候，这些积累都会变成阻碍。”比如诺基亚，天生也不是做手机的，当它在没有积累的时候很快就转型做了手机，做得非常成功。但是当它在手机上面做了很大积累的时候，其实诺基亚是最早开始用塞班系统做智能手机的，却被淘汰了。

再举个例子，现在大学里面的同学还吃方便面，而我现在吃方便面特别少，只有去机场的时候才吃方便面，因为平时我已经不会吃了。所以在和今麦郎、康师傅等客户聊的时候，他们都声称主打校园市场。我毕业的时候家里随时都囤着方便面，为什么不吃了？不是因为统一更好吃了不买康师傅了，而是因为有“饿了么”“美团外卖”，这才是时代的变化。所以干掉你的不是你的竞争对手，是时代。这个是商业剧变的一个非常重要的特征，就是干掉诺基亚的不是摩托罗拉，而是苹果，是一家电脑厂商干掉了它。整个时代是在不断往前滚动的，在这种剧变下，另外一个特别大的特征是我们的变化时间缩得非常短。信息在碎片化，说到底其实就是速度、频率加快了，所以我们整个社会的变化也加快了。

在这种情况下，其实36氪不是有意要做这件事，初心比较简单。2011年、2012年那个时候国内的创业环境还比较单纯，我们还在将国外先进事物拷贝至中国，再之后，中国企业也有报道需求，当累积大量信息后，大的企业包括投资机构就想在36氪找到一些好项目，才慢慢滚动到今天。

不敢说36氪对中国经济社会有多大的贡献，但是我们真的努力让创新能够跑得稍微再快一点，让一个项目的曝光能够更早一点，这样的话看到的人其实就看到了趋势。一开始是机构的那群人、工作需要的那群人看到，现在我们努力扩张影响力，让更多的人看到。36氪“贩卖”趋势，36氪的用户就是想看到未来的那群人。36氪的目标同时也是使命，就是希望让一部分人先看到未来。

媒体的问题在哪

36氪其实是一个新媒体里面的传统媒体，有非常强的情怀，希望拯救媒体行业，为此我们做了大量的探索。首先要知道媒体现在的问题在哪？先看传统媒体，以纸媒为代表，《纽约时报》是从业者的梦想，也是榜样，近年营收大幅跳水。英国在纸媒的广告支出已经缩水至30年以前的水平。而在中国，情况更惨，主流媒体几乎全线亏损、萎缩，比如《外滩画报》等都停刊了。因为中国在互联网时代追赶了世界，在移动互联网时代又超过了世界，新媒体给传统媒体带来了极大冲击。我认为人工智能可能是下一波发展浪潮，在人工智能时代中国有可能会领导世界。

再看中国的新媒体，与传统媒体之间存在什么差异①。看几个有代表性的例子，先说今日头条，发展非常迅猛。2013 年左右，我从新浪出来到网易，在网易有道领导了一个全新的销售团队，当时刚刚开始兴起内容营销，我就在瞄我的竞争对手，今日头条是我其中的一个竞争对手。当然，那一年我的收入是零，而今日头条的收入已经过亿了。我原来有三个竞争对手，最终当我 2016 年离开网易有道的时候，这三个竞争对手发生了很有意思的变化，其中一个竞争对手在广告圈消失了，基本上营销人士不再选他了。另外一个竞争对手也很大，但一直在维持，所以三年以后我从零做到了追上他。第三个是头条，我觉得头条跑得太快了，现在已经非常厉害了，具体数字超乎一般人想象。

从媒体的角度看，今日头条其实是重构了信息的人货场。传统媒体传播精英文化，希望所有人都像精英一样去思考，但今日头条做了一定程度的下沉，用户喜欢足球就不断提供足球，使其有大量时间消耗在上面。从人找信息变成了信息找人，今日头条其实就是信息的淘宝。

微博，我在新浪经历了微博从无到有一直到 2013 年第一个辉煌的时间。那时微博还是对新浪传统门户的一个补充，以碎片化的方式呈现。2013 年，很多人觉得微博遇到了一个危机。现在我们看微博的用户数据、经营数据都非常好，为什么？其实微博已经变成了一个超级大的社区，聚焦热点和名人的价值型社区，集媒体、商业、社交价值于一体。

抖音，广受年轻人关注，也是张一鸣创造的产品，崛起非常迅速。抖音是不是视频版的微博，视频版的头条？抖音到底是什么？其实是一个以 KOL 为核心的情感交流平台，核心是“贩卖”情感交流，只不过用户会有一个共同的 KOL 或者叫吉祥物。

今日头条、微博、抖音等都是国内比较典型的新媒体，从内容角度看，不难发现内容生产分发的形式都和传统媒体产生了非常大的变化。对比传统媒体与新媒体，传统媒体有以下几个特征：第一，是以作者为核心，越好的作者越精英，越精英的作者越能够成为好的作者，精英文化应运而生。第二，中心化生产，单一渠道分发，这是原先比较典型的模式，现在电视台还是这个模式。第三，信息单向流动。虽然有了互联网以后，用户可以在文章下方发表评论、

① 这里面提到的是狭义的传统媒体和广义的新媒体的概念。

批评或提出建议，但实际上很难得到信息发布者的相关反馈，也不能影响信息内容的生产，因而信息依旧是单向流动的。第四，有边际成本，传统媒体要获取更多内容的时候，就需要用更高的边际成本去获取。内容规模越大，能效越低，很难搜集信息。即使是门户网站，作为互联网时代的传统新媒体，也都有这些问题，遗漏了很多信息。

而新媒体颠覆了以往传统媒体内容生产分发的模式。第一，新媒体以用户为核心。无论是今日头条或者抖音，即便利用算法主动推送，也是为了迎合用户的信息需求，用户拥有最终选择的权利，可以选择打开哪个 App，看谁推荐的内容。用户是上帝，想要什么就有什么，这是新媒体一个最根本的理念。第二，去中心化生产，多渠道分发。因此边际成本可以有效降低，基本上实现零边际成本。第三，信息网状传播。用户可以在朋友圈里面看到抖音相关的内容，今日头条的内容也可以在朋友圈看到，微博里面有今日头条的内容，朋友圈里面有微博的内容，微博里面有朋友圈的内容，这是一个网格传播的模式，信息跨平台流动，不断裂变，辐射更多用户群。第四，新媒体通过运营和用户进行实时互动。这里运营的主体不是平台方，是作者。由于去中心化的生产，人人都是作者，人人都会去维护自己的读者，这一点在传统媒体里面是比较弱的。传统媒体有一个单独的部门专门处理读者来信，受限于人力无法全部并及时回复读者，而在新媒体环境下，读者和作者的关系非常近，随时可以互动沟通。早期美国某个电视剧制作团队邀请观众评论投票来决定剧情，创作者再接着往下拍，这实际上就是一种互动。当时觉得这模式太厉害了，受时代技术局限，互动只能达到这个程度，但现在技术成熟，互动早已突破时空限制。第五，通过大数据来驱动，包括微博、微信、今日头条等产品迅速迭代。

技术升级、流量升级与服务升级

总结起来，媒体的核心一定是创造优质的内容，现在今日头条的火爆就是因为很好地满足了大家当上帝的诉求，但是提供的内容目前还不能保证全部是最优质的，所以用户会对头条有很多诟病。

怎么能做到这一点？其实 36 氪在做三件事情，第一个是技术升级，第二个是流量升级，第三个是服务升级。技术升级是为了更好地生产传播，流量升级也是一个传播和变现，服务升级则是为了更好地变现。坦率地说，现在以自媒体为代表的新媒体能够发展得特别好的其实很少。很多人也知道 36 氪是一个自媒体，目前在整个微信公众账号里面排在前几百名，但是如果只看微信账号，其实商业模式也是有问题的，所以36氪怎么创造好的商业模式呢？

一是技术升级，实现高效内容生产。《华盛顿邮报》连续七年巨额亏损，在被贝佐斯收购后，开始研发Arc系统，用技术手段进行改造，使得它现在非常赚钱。《华盛顿邮报》不仅利用该系统把内容广泛传播，更开源给很多媒体去使用，从创造到草稿完成一直到运营，全方位帮助媒体提升效率，也给其带来很多盈利。同理还有亚马逊的AWS服务，初衷是更好地推动自身业务发展，利用大数据来提高生产效率，成熟后独立，给其他公司提供服务。

举一个国内的例子，非常知名的某垂直领域的媒体，它们有一个大数据的团队。本身有社区、有论坛，所以每天有大量的内容生产。然后还在外面布了很多“爬虫”，全网去抓取这个领域相关的信息。储存众多信息后，每天都会分析今天的热点是什么。所以当有热点产生，机器一定会比人先知道，并推送给它们的作者。此外会对热点进行分析，把相关的全网信息全部抓过来按照热度排序，作者可以快速了解这个热点，快速引用，写出一篇文章，而且这个文章是有质量保证的。大数据还会告诉作者，过往的经验怎么写比较好；这个品牌的人喜欢哪个标题，按照这个标题推流量的文章，文章流量会起来；用户反馈的内容再反向推给作者，作者进行维护；最后提供大量的用户反馈，指导下一篇文章的撰写。因而技术很大程度上提升了媒体的生产效率。

大数据的作用不仅是协助内容的生产，更能够沉淀下来，去促进整个行业产业链的升级与调整。媒体可以知道某个产品在市场上畅销，某个产品有缺陷用户特别不满意，并反馈给上游。这时它不再是一个媒体，而是一个数据公司、服务公司。

36氪也通过技术升级在内容生产的各个环节进行探索：内容生产前大幅增加UGC内容源，对全网内容做热点词提取与分析，预测趋势，寻求报到流程优化和精细化管理；生产中，文章自动配图、整合方案，错别字自动纠正，文章自动打标签、自动排版，机器人自动写稿，内容管理系统（content management system，CMS）效率提升优化；生产后，个性化分发，让内容找到最适合的读者，以打分方式客观评估内容质量，沉淀项目报道数据，自动对外渠道输出内容接口，绘制用户画像以指导内容生产和销售售卖，监控内容传播路径，找到有影响力的分发节点，搭建BI系统。[1]

① BI，Business Intelligence的缩写，即商务智能，它是一套完整的解决方案，用来将企业中现有的数据进行有效的整合，快速准确地提供报表并提出决策依据，帮助企业做出明智的业务经营决策。

二是流量升级。首先我们将流量划分为四个部分，呈金字塔结构。第一个是最上面的叫自有流量，也就是App的流量。第二个是渠道流量，比如应用市场推广。第三个是合作流量。比如其他垂直行业App中的社区内容合作。第四个是下沉流量，包括今日头条、微信、WiFi万能钥匙、UC浏览器等都是我们的合作伙伴，在这些地方用户会看到36氪的内容。

通过上述各种方式我们去聚集流量、引导流量并下沉流量，在追求质量的同时，采用了大量的传统媒体生产方式来搭建了一个新媒体的流量矩阵，利用多个渠道来尽可能地触达更大量的用户。我们将这些流量分为基础流量（自有流量、流量分发、传播裂变、数字广告等可控的流量）和进阶流量（事件营销、跨界合作等带来的流量），再导入流量池中，通过DMP[①]、CRM[②]、效果监测等实现转化。

转化大体分为两类，一类叫用户转化，就是用户付费，一类叫客户转化，以广告为代表。但是转化中十分容易遇到模式的阻碍。广告这种模式可以帮助你很好生存，但是不能帮助你很好发展。当你依托某一些渠道，没有用新媒体方式生产，用传统媒体生产的时候，就会发现你的边际效应逐步提升，收入没有办法覆盖边际效应。

三是服务升级。怎么去突破瓶颈，这就需要我们具有平台化思维，突破媒体边界。媒体的边界到底在哪里？除了生产和流量运营传统媒体的那部分，变现是非常重要的。我们觉得未来媒体的变现一定是服务升级，也就是说我们要从一个信息制造的企业变成一个信息服务的企业，从一个信息的提供商变成一个服务商，甚至于再往后发展，成为依托信息的服务商。

传统媒体的整个商业模型其实这么多年没有突破，一直在做转移支付的生意，即B2C2B[③]，我们接下来其实想做一个转变。你会发现至少在中国，大量的人愿意为服务付费，不愿意为内容付费，这其实是一个特别大的问题。我知道"知识付费"火了之后，很多人的观念有所转变，但是从大层面来看，我仍然愿意为服务付费。因为互联网是免费的，在这样一个大背景下直接卖内容就遇到了一些瓶颈。所以我们在做卖服务的东西，服务到底怎么做？说起来比

① 即数据管理平台，是把分散的多方数据进行整合纳入统一的技术平台，并对这些数据进行标准化和细分，让用户可以把这些细分结果推向现有的互动营销环境里的平台。

② 即客户关系管理，是指企业用CRM技术来管理与客户之间的关系。

③ B2C2B，business-to-consumer-to-business的缩写，是电子商务的一种创新模式，即商家对消费者再对商家。

较简单，从2017年开始我们陆陆续续进行了一些尝试。

在这过程中，36氪通过信息做一个入口，一方面沉淀了资源池，比方说信息、资本、技术。信息是我们对很多创业公司的判断。我们了解创业公司的整个情况，很清楚它的优势、劣势、技术壁垒和技术核心是什么，这些都沉淀下来进入到数据库里。另外一方有需求池，通过媒体这个平台有大量的企业主动找过来，形成一个需求池，希望36氪帮忙解决一些问题。其实36氪什么也解决不了，媒体还是起连接作用，但是36氪在里面加大了服务，让客户更愿意去买单，这是我对媒体进行得特别好的延展。36氪成为媒体资源连接器和信息价值放大器。我们和大企业合作，做氪空间孵化创业公司，也会和产业基金去合作，一起去找人、找钱、找方向、找用户等。

还有政府合作这一块。36氪是商业媒体，跟政府本身没有什么特别大的关系，顶多大家说你是科技部官方名单里面的独角兽，如果你能到我这里来落地就最好了，这是政府对我们的诉求。第一，现在中国号召经济转型，当地政府可能不想要高能耗型的企业，想要新型经济的企业。第二，GDP、税收、财政还是当地政府最重要的东西。政府想这几项有所提升，曾经的办法就是找专业的招商团队，招来高大上的企业，一年尽可能地创造更多的税收。但是我们会发现，首先招龙头企业特别难，其次容纳不了特别多的龙头企业，也不可能当地全部都是龙头企业，最后还有一个很大的问题，当地人才不够。于是我们建议招一些有发展潜力的初创型企业，政府也像风险投资一样，招十个企业，有一个企业最终能融资10个亿，何乐而不为。另外，当地一定要有产业氛围，一定要有人才。比如西南地区都是相对较为封闭的，但是现在当地的高新区等做得非常好，甚至有很多外地人也跑到那里扎根了，工作也挺有追求，生活还很舒服。所以政府对产业扶持，是会看得很长远。

36氪也做了很多企业级服务，到当地去落地这种中心，把我们的培训、报道、投融资对接等一系列的服务装到里面去，去扶持当地的企业、创业公司，给他们搭建桥梁，这个也是我们尝试的一块，就是对小企业的服务。所以你会发现我们现在对谁服务？对大企业服务，广告、营销是一方面，另一方面还对他们的创新和创投部门进行创新服务。我们为政府提供服务，帮其去做一些企业招商引资的工作，对接资源，协助当地企业的培训，引进人才从而助力产业升级。

在对接资本方面，36氪服务过很多投资机构。腰部投资机构其实没有那么多人力来做调查、评估、沟通，媒体则可以帮其完成。真正的明星项目，一定是明星机构在投，轮不到腰部机构，那腰部机构去哪里找到更多潜在的好项目？地方上有好项目吗？其实地方企业也有需求，有不错的项目希望得到投资机构青睐。这就存在对接环节，是投资生态的重要一环。假设一个生产自行车的项目从A轮开始投，投到B轮、C轮，要开始产业化，投入生产，这时候需要去找制造方。在北京成本太高，也没有地方做生产，那么产业究竟落在哪里？是天津、上海还是广州呢？这时候就需要媒体提供的连接服务和信息，帮助企业做出决策。

所以我们跟政府、机构、大企业以及我们报道的这些小企业的合作，会形成一个特别好的生态，同时我们在里面去做服务型的工作。我们的核心竞争力还是媒介平台，还是连接，但是真正变现的部分从原来的贩卖信息，变成了贩卖服务，这是36氪现在一直在做的一件事情。

为什么要去探索媒体边界？我们从信息的角度做服务，刚才是“To B”的服务，现在我们还会做一些“To C”的服务，就是用户的服务。比如说我们也会做知识付费、内容付费、培训体系，另外还会做超级IP，比如今年做的《没想到未来城》，让你能够看到未来是什么样子。我们还跟某个地产企业一起合作，做了一个线下活动，引入了很多创业公司的黑科技产品，长期在那个地方展出。我们希望通过这样的事情来导入流量，从而更好地覆盖用户。

为什么要做这么多尝试？这可能跟36氪的企业文化有关。我们认为写作会对社会进步产生影响，值得尊重，但只有媒体真正过得好，记者、作者才能过得好。我们一直坚信媒体是个好的商业模式，创造价值就会得到回报，只是目前这个道路还没有打通。所以36氪的使命，就是探索媒体的边界，希望用我们自己的一些探索来证明媒体是有机会做得更好的。

对话李政

坚定灵活，构建生态

李小萌：世界上唯一不变的是变化，如何让我们去拥抱变化而不是惧怕变化？

李政：用一个词概括吧——坚定灵活。抱有非常坚定的目标和原则，但是做事情的方法又极其灵活。这个词是我们总裁想的，我觉得特别符合我自己想要的。在这里举一个例子，就是弓和弦的关系，你做事情要像弓一样坚定，但是又要像弦一样灵活。一旦培养这样的价值观、氛围，很多人会因为你坚定而觉得开心，你也因为灵活把事做成了，这一点是我们非常重要的一个价值观。

李小萌：现在很多人都想做平台，但是做平台的精髓在哪里？坑在哪里？

李政：坑太多了，就媒体而言，它也是一个平台——媒体平台。所以从平台的角度来看，第一个就是风险极高，第二个是需要启动的能量巨大。再讲到做平台的精髓是什么？实际上就是做生态，这也是最近比较喜欢提的一个词。生态是这个社会包括商业社会本身已经存在的一个东西，我们需要更好地去喂养它，因为只有喂养才能训练它，并把控它。还有一个点就是要坚定灵活，未来大家看到一些创业项目的时候，可以考虑到这一点，做平台是坚定的目标，但是过程一定要灵活。在现在的互联网大背景下，如果你是一个所谓的草根创业者，一开始就做平台，做全方位的开拓，与此同时这又需要很多钱，其实最后失败的概率很大。但是如果你有坚定的目标又有灵活的方法，比如说先做某一件事，然后再做另外一件事，慢慢去把生态里的各方都聚集到自己的平台上，平台就自然而然地形成了。

提问者：对于不断拓宽边界的36氪，媒体业务对其整体生态的作用以及商业中的角色是什么？

李政：这个问题36氪内部也一直在讨论，比如刚才提到36氪做了很多服务，或者以后我们不卖广告了，而靠咨询、服务、对接挣了很多钱，那是不是可以不做媒体了？整个数据库里面的需求方、资源方以及对接，大量都是在媒体里面实现的，至少需求方和资源方都是从媒体沉淀到另外一个地方的，而这中间的对接就是36氪提供的服务，这个服务是付费的一部分。所以不谈情怀，单纯从商业上来讲，媒体是我的旗舰、是排头兵，没有媒体我获取这些资源就需要成倍的资本和很高的边际成本，但是有了媒体一切就很简单了。简单地讲，媒体是一个信息入口，更重要的是资源和需求的入口，在36氪中我们只不过是把它沉淀下来而已。

李小萌：如果只是做媒体就总是在B端求生存的状态下，您想到了服务的模式，引入更大的资源让自己获利更多。这个模式对别人来讲有可复制性吗？

李政：我个人觉得是有的，因为我们做的这个事是探索媒体边界，不是探索36氪的边界。因为探索36氪的边界，其实我们可做的事更多，比如说我们可以做金融中介。我会帮投资机构看很多项目，做分析，进行调查，我如果帮这个项目找到了对接者，成功说服了机构，让机构投资了，我就可以提多少点，这是很赚钱的业务。我们曾经也短期尝试过，但是后来放弃掉了。主要有两个原因，第一，它不能复制，第二，它和媒体本身的诉求是不一致的。因为当我FA①的业务做得越大的时候，媒体公正性就受到非常大的挑战，你一定大量报道你签了协议的这些项目，不断地吹它如何如何好，这和我们的媒体情怀相违背。如果FA这个市场真的很好，是一个很好的商业模式，我们可能会在体外做，但是不会在体内来做这件事情。

李小萌：您刚刚提到了一个很关键的点，在我们创业的时候需要去升级或者切换赛道，可是又要提醒自己说，这个业务虽然诱惑很大，但它可能不是我的属性，不应该是我挣的那桶金，那么这个平衡该如何把握？

李政：这个其实真的还挺难的，包括我们每次上新业务的时候，内部的争议其实也都挺大的。当我们每次开发出了一项新业务之后，用户又会有下一步需求，这也要看我们是不是拥有这种能力，是否能接得住？但是从另外一个角度来看，其实这是一直在做一个生态，这个生态里面有创业公司，有大公司，有政府，有投资机构，包括有我们这样的媒体，大家也在共同为创新生态而努力着。在这个框架下，大家有着各自的原则，并且也没有将脚伸得太快。

---

① 即财务顾问，本质上做的是企业的融资中介，对接项目和资金。

36 氪的核心竞争力

提问者：如何确保内容的客观性呢？

李政：首先我们先把这个问题缩小一点。什么叫客观？有可能在座每个人的理解都不太一样。我只能说，我不知道绝对客观是否存在，但是这里面包含了太多人文和道德的东西，所以值得思考的是“是不是真的做到绝对客观就是好”，为什么？因为客观的东西不一定是好的，大家有可能会受不了。所以我说接受我们认为好的东西，通过不断的学习，这样才能进步，去不断地开拓我们的思路，至少确保我们做到问心无愧。

李小萌：虽然你们做的是一个跟商业密切相关的媒体，但还是在拿一个媒体的要求在要求自己？

李政：对，所以我跟很多人讲，看你怎么去看。我们也许是一个传统新媒体，或者是一个“伪”新媒体，但是我们希望把自己做成一个真正的超脱现有新媒体的一个新媒体，就是我既能够坚持传统媒体价值的那部分，商业模式还能发展得好。因为很多媒体人都知道，我们特别擅长的是四两拨千斤的事，我写一篇报道100个人、100万人看到，这是一个四两拨千斤的事，我们习惯去干这件事情。我们为什么要在这个基因下面发展出很大的服务团队、销售团队，去做很苦、很累的活，核心就是希望我们在不出卖自己价值观和核心东西的前提下，能够挣钱，能过得好，所以我分享的商业模式其实就是不碰这些核心的东西。这样反过来我很开心，我希望有一天我广告都不做了，就让大家看一个无广告的版本，并用我的服务或者其他方式去更好地变现，让媒体做得更纯粹，这个东西我觉得真正是探索出来一个媒体的边界。

2018年11月13日

李政，36氪合伙人兼副总裁。加入36氪前曾先后就职于新浪、网易，服务过包括英特尔、IBM、宝马、通用汽车等企业，长期观察互联网营销和商业模式创新。

垂直领域的内容创业与转型

王宇翔

豆果美食创始人

豆果美食创立于2011年，是国内第一个以美食内容为垂直化社区的小众垂直化媒体。“烹饪就是对爱的传递”，所以“美食”才能在互联网内容门类中以其独有的大众性和互动性特征脱颖而出，成为互联网的五大内容之一。本着这一理念，豆果始终强调用户原创内容的先发优势，没有采用互联网常规的内容收集方式，而是运用大量的用户生产内容（User Generated Content，UGC）和专业生产内容（Professionally Generated Content，PGC）。在创业过程中，我有两个感受：第一，中国的媒体行业尤其是新媒体行业本身正在发生日新月异的变化；第二，垂直化社区未来的发展机会和它的商业变现模式产生了很大的变化。

互联网加速发展带来内容生产变革

我从1997年就开始上网，经历了中国互联网的四个发展阶段。互联网的内容是由原来的广播到现在的人人都可以去做传播，体现出“去中心化”和“碎片化”的特征，它的实质是互联网内容的加速发展，我认为这个速度是整个互联网产生最大变化的根基。

第一阶段是Web 1.0的时代，那时候的网络表现形式是静态单向的，互联网内容也不丰富，菜谱内容几乎为零。到了Web 2.0时代，用户开始创建内容，媒体作为一个群体产生内容并把内容提供给所有用户的平台，到了这个阶段，有一些用户发现自己有创建内容的可能性，或者有很大的价值，这类用户开始产生他们的原创内容，这些内容就是我们看到的UGC和PGC，比如菜谱以整篇文章的形式出现在各大门户网站的博客上，形成了最早的美食类用户生产内容。紧接着出现的Web 3.0时代使内容朝着结构化和商业化的方向发展，豆果美食就产生于这个时期，豆果网首次实现了菜谱内容的结构化输出。最后是移动互联网时代，比如短视频，很多人都会用抖音或者其他自媒体的产品提交自己的内容。在这种变化中，整个互联网对于内容创造的门槛在急剧地下降，而且碎片化程度越来越高。

所有平台的内容产生都是基于它的用户形态决定的，如果你是抖音和快手的深度用户，在使用这两款产品的时候就会明显感觉到这两个平台上的用户是完全不一样的，所以产生的用户形态就不一样。抖音上经常会看到一些用户做才艺和技能的展示，而快手更多的是诙谐的幽默剧形式。

互联网的产品形式以及内容的变化，是随着互联网媒体的承载平台的产品特性在变化的。早期的博客这一内容承载形式，它自身有很大的优势，它给用户创建带来了一种可能性。但是这种方式的表达十分冗长，内容信息并不清晰，导致用户接收内容比较费力。随着移动互联网时代到来，信息供给的形式越来越多样化，层出不穷的美食内容表现形式兴起，内容的互动性和选择性明显增强。在这个过程中，美食内容在社交媒体中崛起，并呈现出了很强的发展态势。

美食是互联网内容的第五大分支

我们开始创业时，互联网的内容有五大分支：新闻、小说、图片、音乐和美食。大家可能无法想象，美食就是第五大内容，它呈现出了社交媒体强大的分支和属性。谷歌在 2012 年做了一个特别大的创新，在它的搜索引擎里把“菜谱”放到了搜索分类里。而且，美食内容在当时是一个非常大的内容空白。这也是我们当时选择美食这个行业的原因。

我们最开始做这个网站有两个初衷。首先是认为未来年轻人对美食以及美食的教学有很大需求，同时也对媒体的发展做了一个逐步的预判。我们认为丰富的新媒体硬件设备或者说媒体的载体可能会带来一些新的内容变化形式，大家会更希望能够通过网络或者通过其他的媒介方式快速地学习这些知识，而绝不是通过电视节目或书籍。于是，豆果美食应运而生。

它是国内首家发现、分享、交流美食的垂直化互动平台，提供国内免费手机美食食谱、生活资讯等服务，具有厨艺交流、美食分享的功能。豆果美食 App 的首页设置了“记忆刷子”功能，支持无限刷新，充分展示每日最佳的新上传菜谱以及小编精选的实用合辑。通过食谱吸引热爱美食的用户，通过互动社区留住用户，再将社区转化为电商，基于用户的使用场景及使用诉求，通过联合产业链上下游解决他们的电商需求。7 年的时间，豆果美食已经囊括全国各大菜系，能够为用户提供 100 多万道海量美食菜谱。

内容转型三部曲

过去，我们需要思考的是如何创建内容。现在，内容本身变得越来越智能，创建内容已经不再是门槛。今天的内容已经不是内容，今天的内容可能是广告，可能是一个商品的销售，可能是你要传达的某种概念，所以内容的整个形式会变得更加宽泛，而且变得更加复杂。因此现在正在进行内容创业的人都会感觉到这种变化，内容本身还是很熟悉，但是对于内容的驾驭程度跟以前不一样了，需要一种完全崭新的内容驾驭能力。不再是仅仅驾驭内容，而是如何驾驭“好的内容”。如何让优质的内容产生出来，是第一个门槛；如何把优质内容推给需要的人，是第二个门槛；最后一个门槛，则是如何让内容本身具有商业价值。从单纯的内容到高质量的内容，再到差异化的内容，最后到内容的商业化和变现形式，这已经成为一种新的商业形态。可以说，高质量、差异化、商业化是内容转型的三个重要步骤。

高质量：技术驱动内容，满足用户挑剔的舌尖

豆果美食经过 7 年的发展，有超过 100 万的食谱库，其中 90% 的内容全部来自用户的 UGC 上传，或者一些专业机构的 PGC 的内容，也就是说，全部来自用户贡献。我们提供给用户的不是菜谱，而是食谱。在豆果美食上，只要是手工制作的，吃到嘴里的，除了毒品和药外，剩下的全都有。只要能够想到的食材都可以找到它的做法，大到山珍海味，小到凉菜，甚至是平时稀缺的食材，包括酒水、糖果、雪糕，什么都有。这是我们通过大量的内容汇聚形成的先发优势，用户对内容有需求，内容又作为一个载体，它本身的价值是存在的。

所有自媒体的创建者或者个人内容的创建者逐渐已经有一种清晰的意识，优质的内容是可以获得价值的劳动成果。于是这部分用户觉醒了，内容的变现过程发生了变化，鼓励了更多的优质用户原创内容的生产。渐渐的，免费内容已经不能满足部分用户更专业的追求，内容创建者也有了创建更优质内容的驱动力，能够满足精品内容的不同需要。由此，豆果课堂上线了，涵盖精品视频和图文教程。在视频直播方面，囊括了线上互动直播、无限回放、课程课件分

享以及课程微信群交流与作品分享，而图文教程则以电子书形式呈现，提供内容丰富的移动端学习教程。

我们的视频直播严格意义上来说不是直播，是一种课堂，有一技之长或者有特殊的烹饪技巧的人，都可以在线上讲授烹饪技巧。比如我特别会包包子，包出的包子形状很特别，可能就有人愿意来学。这个课程的内容所需要收取的费用也不高，只需要支付 9.9 元。分享一个真实的案例，她是一个山东的家庭主妇，一个月的工资是 5000 ~ 6000 元，在我们的平台上面分享包包子的技能，教大家怎么包包子好看。在过去两个季度的时间，我们分给这个内容创建者的红利大概 20 万元。这就给内容创造者带来新的认识，以前的内容创造者是无偿的提供者，而今天用户自己生产的内容是可以形成商业价值的，这一点会对用户甚至对行业产生新的、更大的影响。

反观现在的创业者，他们面临的一个最大的问题是如何发现好内容。如何在海量内容中找到好的内容、优质的内容，变成了另外一种技术的可能性。当内容被大量产生以后，通过技术去驱动内容就有了可能性，如果创业者能把用户需要的内容呈现给用户，这本身就创造了最大的商业可能性。

互联网的价值变得越来越大了，今天的内容已经不只是内容本身，而是变成了一个承载物，它承载的是商业、信息传播、价值诉求和品牌影响力。内容的形式随之变得更加丰富，不再是单纯的图片和文字，还包括知识付费、电子书、短视频等。用户对内容也提出了更高的要求，总结来说就是“短、平、快”，一方面不能长篇累牍，另一方面还需要有趣、有料，便于快速消费。

差异化：互动性与精细化运营

在垂直化社区领域，优质的内容可以形成巨大的商业回报，但是反过来这部分内容的竞争也很激烈，越来越多的人涌入这个市场。我们做美食内容最初的形式是图文，后来我们知道有很多人做美食的短视频，而现在美食短视频已经成为大家进入美食行业的标配。美食短视频行业里的内容非常多，这就导致了一个问题：当人们大量地涌入内容创建或者内容制作这个产业的时候，内容稀缺已经不是问题了，那么如何保证内容的差异化，形成自己的竞争力呢?

互联网人最不愿意谈转型，因为在我们的潜意识里这代表一种无奈。但事实上，我相信每一个互联网平台或公司都做过很大的转型。豆果美食通过两个阶段的转型，突破了同质化的瓶颈。

第一个转型是强调互动，强调用户的参与价值。我们认为内容本身是有价值的，这个价值不是它的变现价值，而是用户的参与价值。我们坚决地让用户做主播和内容创建者，让用户自己生产出高质量、差异化的内容，开始做基于内容差异化本身形成的社区，把我们的用户按照属性区分开，进行更深度精细化的运营。网络社区形式在增强用户参与价值的同时也提高了平台的用户黏性。

第二个转型，我们称之为精细化运营，或者说打破产品边界。比如我们新上线了一些新版块的功能：达人“种草”及用户经验分享促进了兴趣领域的进一步细分；2018 年 6 月上线的“笔记”版块涵盖美食、护肤、美妆、旅行、电影等一切与美好生活相关的内容，至今已有近 2000 万条笔记；世界杯举办期间豆果官方发起了看球美食笔记征集活动，当月活跃度达到菜谱类应用第一名。这些内容和美食的关系相对弱化了，更多强调用户的泛生活化的东西，更加强调用户可参与的内容深度。

有一个特别生动的故事可以跟大家分享：假如我是卖红糖的，以前我会想，今天卖给一百个女生，明天怎么卖给五百个女生，后天是不是有一千个女生可以买我的红糖？而今天互联网转型就变成了，我今天卖给一百个女生，明天我就想这一百个女生要不要吃别的东西？后天我会想她们有没有孩子，需不需要奶粉？有没有丈夫，再给她们的丈夫提供些什么？

这个故事说明，在互联网的用户红利尚未消失时，大家更多的是基于单一内容、优势内容去获取用户。而现在，互联网用户红利越来越少，我们应该针对自己已有的内容做深度挖掘和精细化运营，用各种组合方式与用户的各个需求点结合，靠不同的内容把用户挽留下来。本质上，互联网的所有产品都不应该有它的边界。因为一旦设定了边界，局限性就会显现出来，发展的可能性就会变得越来越小。

商业化：内容跨媒介分发

今天的“营销内容即广告，广告即内容”。你可以理解为在互联网上看到的所有内容全部都是广告和营销，也可以认为你看到的所有营销和广告都是内容。真正优质的内容在某种意义上就是广告，也就是说，在当下的时间点，广告和内容首次合二为一了。

在这种情况下，出现了一个特别有意思的现象：内容会重点强调它的“格式化”，越来越多的内容已经完全是格式化的数据。豆果美食网站从建立之初就率先对菜谱内容进行了结构化处理，成为沿用至今的经典结构，豆果美食上的菜谱已经一步一步完全地区分开，每一步用到的主料和辅料以及具体的用量都明确标出了。格式化的内容有两个优点：第一，我们可以无缝跨平台传播和随时输出。以前的内容只能在某个特定端口看，比如手机或者是电脑，但是现在我们的内容已经完全可以做到跨平台输出，还可以随时输出。央视每天早上有一个《生活圈》的节目，它也引用了豆果的美食内容，我们可以给它做无缝输出。第二，格式化的内容更具商业化的可能性。比如客户要买做饭的时候需要用到的酱油，我们就可以快速地在辅料上添加酱油品牌的标识。为了把内容跟广告的营销内容打通，我们在内容上也做了很大的升级，这与传统意义上的单一内容只是服务于用户阅读完全不一样了，现在很多的内容在服务用户阅读的同时已经开始服务商业化，开始做营销传播的尝试。

为了服务商业，内容本身也变得更灵活了。这主要体现在两点：第一，知识付费在市场上产生了影响力，用户已经开始养成了为优质内容付费的习惯。中国用户的版权意识有了很大的提升，现在已经进入了一个能够在高质量内容上进行收费的时代。第二，内容已经开始跨媒介输出，内容不再独立存在于某一个媒介，更加强调要建立内容的多个分发渠道，通过合理的方式分发合适的内容，以此来实现内容资源的融合与合理配置。在网络分发渠道上，我们会选择拥有粉丝群体量大的媒体，包括微信、微博、今日头条以及其他的美食平台，去帮助用户做传播。

我们不仅把内容分发到网络上，也分发到实际的行业。互联网行业里，所有做内容的公司都是数据公司，这些公司的业务涉及两个方面：互联网内容的分发推广和内容输出。以豆果美食为例，除了做互联网内容的分发推广外，我们也做了很多覆盖智能家居领域硬件的内容输出。国内最好的智能家电，比如樱花、海尔、格兰仕、三星等品牌，这些智能家电屏幕里面智能的美食内容，都是豆果来提供的。基于互联网行业自身的特点，我们还做了一些尝试，就是根据用户浏览、体验、使用过的用户数据信息，来主动地给用户推送更贴近他们的内容。现在数据内容本身已经变得越来越智能了，内容变成渠道里传播的介质。总而言之，内容已经不再是单独的内容，而是服务商业化的载体。从单纯的内容到高质量的内容，再到内容的商业化和内容变现，已经成为一种新的商业形态。

对话王宇翔

赵音奇：怎么想到从美食这样一个垂直领域切入？

王宇翔：这是一个有意思的问题，最主要的原因是因为我曾经是一个码农，学技术的人要求逻辑思维高一点，所以最初的创业不是基于我们的兴趣爱好，也不是基于自己过往的背景，而是针对互联网里面什么地方有机会去创业的。在当时，美食内容领域是一个特别大的内容空白，新闻、小说、图片、音乐这些内容相对饱和，而美食类的内容却很少，所以我们选择了这个领域。

赵音奇：豆果美食的主要目标客群是？

王宇翔：美食内容的用户内容特征非常明确，受众不明确是很难获取用户的。豆果美食的主题是美食，是烹饪。什么叫烹饪？我做了美食 7 年时间，我认为“烹饪就是对爱的传达”。今天的人如果愿意烹饪，那一定是传达爱的方式，所以我们的用户群体就是这些有情感关系需求的人群。

赵音奇：从豆果美食来讲，内容怎么做到差异化？

王宇翔：要做到内容的差异化是很不容易的，美食类的内容差异化更多的是取决于美食内容平台自身的特征。我们做内容，还是要把内容的切入点琢磨得很透。豆果美食没有把自己定义成生产某一个内容的社区，我们是一个平台，所有人都可以把你的内容放在这个平台上面。这个过程有点像赛马机制，让用户来选择应该呈现什么内容在这个平台上。

赵音奇：在内容的传达方式上，豆果美食今后会更侧重视频还是图文？

王宇翔：我们目前还是会在视频上投入更大的精力。因为从用户使用场景来看，视频内容有很强的使用场景和生命力。美食类内容有一个特别有意思的特点：当这个内容作为娱乐性内容时，视频作用大于图文；但是作为工具类内容时，图文食谱带来的阅读体验和便利性是远远大于视频的。所以我认为，这两种形态可能会长期存在，只是使用场景不一样。

赵音奇：今后可能还会根据环境的转变做转型吗？

王宇翔：不是完全的转型，但有可能发生变化。它的变化是取决于内容本身在互联网自身形态的变化，因为现在的内容通过技术手段对用户的分析，已经很精细化了。至少在中国喜欢在家里烹饪的80%还是女性，这是真实情况，女性用户是我们平台的用户主体。我们会做用户分析，分析他们的饮食特征和身体状况，收集到数据后我们就会知道很多的女生都贫血。所以在做广告营销的时候，我们就不会像原来那样投放广告，用户只要输入过与“贫血”相关的内容，不论这个用户正在浏览什么菜谱，都可以在下方显示阿胶产品广告，这样内容的价值转化率就可以提高300%。在对用户自生数据的精细化分析和内容深入挖掘的过程中产生商业价值。

赵音奇：豆果美食App最主要的变现途径是什么？

王宇翔：除了电商之外，整个互联网行业收入最大的两个组成部分是广告和增值服务，增值服务就是游戏、充值和付费，等等。总体来看，至少在未来的两三年的时间，变现的最主要途径还是广告。尤其是在内容与广告已经逐渐合二为一的大环境下，广告与变相的广告投放总量在一定时间段内还是占比最大的变现方式。

赵音奇：从自身经历出发，您认为产品今后主要的发展方向是什么？

王宇翔：现在我的侧重点更多的还是如何让用户看到优质内容，比较偏于技术层面。以前是一个内容评级网络，现在已经内容过剩，给用户快速提供相匹配的内容为用户节省了最大的时间成本，提升效率是最大的商业价值。如果效率没有被提升，商业价值就很难被放大，现在平台上已有的内容是百万量级的，我希望每个人打开看到的都是自己想看的，它创造的商业价值一定最大。

提问者：如何保持用户留存和平台黏性？

王宇翔：第一，纯工具的平台不愿意把自己定义为纯工具，豆果美食并不是一个纯工具类的平台，而是通过底层社区逻辑做的。这个平台上面的内容本身就是由用户自主贡献的，有天然的强参与性。第二，这与产品自身的形态有关。产品天然就具有很强的自身属性，有的应用高活跃、低留存，有的则是低活跃、高留存。比如天气应用，无论如何创新也不会让用户在上面使用一个小时，但是微信不知不觉就占用了用户很长时间。美食是典型的低留存、高活跃的内容，这是天然的属性。第三，和产品的简洁度有关。当产品和同类竞品比较的时候，产品的价值属性就成为一个竞争要素。我们是一个偏技术型的公司，会用技术、程序和算法去驱动内容，让内容呈现得更丰富。做产品，有时候要顺势而为。

提问者： 未来知识变现的手段分别有哪些？

王宇翔： 首先，让我们的创建内容者可以产生内容的收益，用户创建内容的时候他们的意识也在觉醒，我们为了这样的用户创造产生收益的平台和机会，为这部分内容创建者提供定制的产品服务。一方面服务内容贡献者，另一方面也服务内容的接受者。虽然绝大多数都是用户还是接受者，但是内容贡献者是我们这个社区的根基，所以优先服务贡献用户的需求，是我们做转变的最大动力。

提问者： 创业时有没有想好自己的商业模式？

王宇翔： 互联网的第一个阶段是工具盛行的阶段。因为那时大家进入了一个新的世界，我们第一需要的就是工具。2011 年实际上是一个工具到内容的转折点，一开始我们想做一个工具，到网上抓取一百万的食谱，做一个在线的字典，让用户像查英文字典一样查菜，只解决一个痛点。但是后来我们放弃了这个想法，因为我们认为工具的价值远远不如服务。有一个段子说：我们今天买一本 40 万单词的英文字典，这本字典不会超过 150 块钱；但如果你到新东方报一个英语班，老师只能教你 10 万单词，一年却需要交 2 万块钱，但得到的学习效果也是不同的，这就是工具和服务的差别。从这个角度来说，工具和服务的价值是不一样的，所以我们坚决做服务。

提问者： 对于想创业的同学们有什么样的建议？

王宇翔： 我建议都想好了再去做，但是事实很难做到，因为市场变化速度太快了。所以更切实的建议是，要把底层逻辑想清楚。因为上层逻辑是由底层变化决定的，想好底层逻辑，保证底层不会被影响，生命力就会长一点。

2018 年 10 月 29 日

王宇翔，豆果美食创始人兼 CEO。互联网知名产品经理，曾任 UUSee、中国移动 12580 产品总监。2008 年创立美食社区产品豆果美食。

商业创新篇

移动时代电影的变量与增量

对话高群耀

从交易体系思考媒体

对话伍昕

开创大语文教育

对话窦昕

想象力驱动设计与创业

对话贾伟

天使投资看创业

对话张野

移动时代电影的变量与增量

高群耀

移动电影院 CEO

一个需要奔跑的时代

同事们常说我的人生特别特别简单，每天过的日子几乎就是二进制的，因为我一天 24 小时就两件事——创业移动电影院和跑步。我对跑步极度依赖，需要不停地奔跑，已经跑了有十几个年头了。从 1978 年开始每天 4 公里，到 2010 年担任微软中国区总裁时的每天 10 公里，再到 2015 年成为好莱坞传奇影业 CEO 时每天 14 公里。不管飞到世界何地，不管在做什么事，我每天都得把这个使命完成。

这么算下来，过去二十年我已经跑了三次二万五千里长征，跑烂了 120 多双跑鞋。跑步让我感觉在人生留下了印迹，它对我而言不仅是一种运动，更是一种心灵上的释放。因为工作的关系，过去三年中我大多数时间都在巴黎、伦敦和美国好莱坞。每次到好莱坞，我都会到帕拉蒙电影厂看出现在电影《阿甘正传》里的那条长椅。影片的主人公阿甘身处一个美国文化剧变的年代，即 20 世纪 70 年代从“越战”到跟中国建交，他没有小聪明，不讨巧也不攀比，不计较也不记仇，只是在不停奔跑，执着地做自己，一步一个脚印地踩出了属于自己的奇迹。

在电影里阿甘坐在这个椅子上，说过一句特别著名的台词：“人生就像一盒巧克力，你永远不知道你会得到什么。”对他来说，人生就是一场赛跑，如果不认命那就拼命，这对我的影响很大。我特别喜欢这部电影，在美国工作时，我曾在我桌边写了一行字：我认为成功就是做自己喜欢做的那点事，还有人愿意付钱给你。尽管在过去工作的二十多年间，从微软到新闻集团到万达的海外业务，“椅子”让我多次出现在各种各样的聚光灯下，但我一直觉得我对成功的定义不是轰轰烈烈、出人头地。我追求的是自己的奔跑，不在烦恼中虚度光阴，能在茫茫人海当中发现自己的不平凡，这种感觉令我充实，填满了我每天的生活。

我和校友们聚会曾一起回顾 1978 年入学后的四十年。我们这代人职业最亮丽的四十年与祖国改革开放的四十年完全重合，这期间发生了翻天覆地的变化。1977 年大家还在读两报一刊、两个凡是的时候，突然 10 月 21 日各大媒体报道高考要恢复了。十年之后，500 多万人走进了考场，那里面有三四个孩子的父亲，也有父亲送来的孩子，中间的差异有十多年。我们这一代人的命运轨迹从此改变，命运的转折点定在了 1978 年。

当年正值中央电视台《新闻联播》元旦首播，这似乎标志了那个时代新的开始。当时我们国家的 GDP 是 3680 亿元人民币，跟我之前公司 2017 年一年的营业额差不多。到 2018 年中国的 GDP 已经达到了 90.03 万亿元，这四十年增长了 240 多倍，这种变化实在太巨大。同一块土地，同一拨人，到底发生了什么？我们今天依然在探讨这个话题，但有一点很清楚，世界上唯一不变的就是一直在改变。

针对变化基本上有四种人。第一种是积极参与和驱动变化的人，往往这些人是在变化的过程中脱颖而出的受益者。第二种是发现变化，及时跟随变化的人。还有一批人发现变化，但选择了旁观、评价、不参与。最后还有一部分人是不知道发生了什么样的变化。也正是在变化的潮流中把人分开了。

变化给我们每一个人带来了很多的机会和挑战。2009 年有一部电影叫《2012》，故事讲述了 2012 年世界末日来临时，主人公和全世界人民挣扎求生的经历，在剧变面前尽展了人间百态。在电影中我们看到了等死不如找死，心生绝望不如换一个活法，正视、顺应、主动变化，重新做人，甚至直接走进一个新时代。所以今天和我们四十年前入学时其实有一点是类似的——我们正处于一个急剧变革、一日千里的时代。所以我在奔跑时有一种感觉，在这样一个时代当中，似乎只有奔跑才能留在原地，只有加速才能不断向前。

内容传播变革重塑传统媒体

大概正是因为这样一个时代，剧变给我们带来了很多挑战，改变了我们的生活方式，但也带来了机会。对我个人来说，我要向这个时代致敬，因为剧变给我们这代人带来很多的机会，使我们成为大风大浪中的踏浪者。我本身就是这个时代的幸运儿，有幸成为首批大学生，传统传媒产业重塑的经历者，中国民营企业大规模走向海外的排头兵，如今又开始老骥伏枥地创业。

科技革命所带来商业模式的创新改变了人们的生活方式，哪怕每次只改变了一点点，都会创造一个巨大的产业。微软的出现带来了如火如荼的 IT 革命。那个时候，大家见面问候不是“你吃饭了吗?”，而是“你 IT 了吗?”其实我认为微软最主要的创意发明并不是 Windows 代码，而是完全崭新的一种商业模式，能将摸不着、看不见的无形资产卖给每一个人，即软件的用户许可证，它创造了软件这个行业，并和后来的英特尔带动整个 IT 产业的发展。

之后我在新闻集团的八年中，几乎每天经历着类似这样的经历。作为传统媒体的参与者每天早晨起来都诚惶诚恐，而消费者则每天都兴奋不已。2000 年，当我一睁开眼看见了第一个博客的出现，脑子里产生了一大堆问号——这标志着“没有刊号的合法出版物”就此诞生了，中国这个行业将发生剧变。没等我转明白的时候，2006 年微博出现，瞬间人人皆媒体。2011 年微信的出现又带来移动社交媒体的兴起。对主管部门来说刊号失效了，原来一对多、大广播的传播模式瞬间被多对多、自传播的模式所取代。内容行业从稀缺到海量，整个行业发生了巨大的变化。小时候内容稀缺到为了看一本爱情小说要用手抄，科技改革之后，内容突然变得海量。内容不是没有价值，只是当内容的数量过于庞大时，缺少稀缺性就不一定有价值。就像空气对人很重要，但是空气卖不出去正是因为不稀缺。因为有了海量的内容，所以出现了搜索引擎，靠着搜索才能找到相应的内容。人们的注意力也从原来的集中，变成碎片化。这个重大的变化，改变整个商业模式，我经历了传统媒体被全方位重塑的时代。

2003 年我在美国参加当时新闻集团旗下 CEO 的一个座谈会，台上有一批年轻人，台下坐着数百位 CEO。主持人跟大家互动，将台上和台下人回答的问题放映在两个屏幕上，结果回答都是完全相反的。也就在此刻我意识到数字鸿沟不是代沟，是两种不同的人类。座谈会上有一个报纸的主编问台上的年轻人说，我的报纸做什么你才会看？台上的小女孩回答做什么我都不会看。我们对媒体、新闻的消费模式从原来每天早晨 6 点半等着看新闻，变成了快餐式的消费，整个行业正在发生变化。

紧接着，四个万亿美元的行业——IT、电信、互联网、传媒开始急剧融合，它们中间的栅栏被拨开了混在一起。比如中国电信做了音乐、阅读，它已经不再只是想做运营商，做基础设施当自来水公司，而转向做媒体。后来我也常碰到人问我你不是微软的人吗，怎么做了传媒？我自己也一直在思考这个问题，后来我才意识到实际上不是我改行了，是行业本身改了。而在这种剧变的过程当中，适应变化将变成我们每一个人能够跟上潮流，把职业生涯推向下一步的一种做法。

多年来我一直在观察各种企业，成功的、消失的、兴起的……当今似乎没有什么所谓的成功企业，只有时代的企业。综观整个中国企业的发展过程，可以看到1980年几乎是靠胆量来做事，1990年看眼光，到2000年后MBA管理变成热门话题，再到如今围绕着创新。所以我们在选择职业和下一步的时候，常常会看到一个宏观发展的态势，也就是投资人常说的顺势而为。那么今天的“势”是什么？

电影业的传统商业运作

2018年2月7日《人民日报》刊载了一篇文章，叫做《物质幸福时代已经结束，新时代来临》。物质匮乏的时代过去，经济驱动力从衣食住行逐渐向精神上转移，物质幸福逐渐向精神愉悦转移。大家在过春节的时候似乎觉得没年味，冲向电影院似乎要找到另一种方式、另一个空间来找到自己的幸福。所谓的温饱经济开始向幸福经济转变。

作为业内的人，会注意到文化产业正变成中国繁荣发展的产业，成为国民经济的支柱，而影视产业又是整个文化产业的支柱。电影是种几乎没有人不喜欢的娱乐方式，而同时对人的世界观、价值观又有非常强的影响力和塑造性，所以电影不仅是经济上，同时也是政治上的重要部分。在中国这么多的行业里，只有电影行业是由国家层面来主管，可见这个行业的重要性。

电影产业的崛起也使我的工作和业务逐渐朝这方面延伸。特别是过去三年在万达的工作期间，我负责的海外业务里很重要的一个部分就是在美国收购了第二大电影院线AMC。在做海外业务拓展的过程当中，又在2015年连续收购了另外三家电影院线，一跃成为全球最大的电影院线，同时协助万达公司收购了好莱坞的大片制造商传奇影业。

在这个过程中，我不仅仅是嵌入这个行当的顶端，更是对这个行业有了更多的探讨和了解。简单来说，电影行业，可以分为三个部分——制片、发行和放映。制片相当于一个风险投资的生意，因为我们无法得知哪一个电影会成为爆款；发行某种程度上是贸易；而电影院是一种零售，三者合起来，就是电影行业。电影行业的商业模式及收入，主要都来自电影的票房、网络版权、播放权、衍生产品等。

电影推向市场时有一串不同的发行窗口期。首先是放映期，一个电影首先与观众见面是通过电影院，也就是院线放映。中国电影想在国内院线放映，首先要拿到《电影公映许可证》，之后要拿到档期——什么时候放映，再之后是拿到密钥——放映多长时间。在这段时间里，基本上是由电影公司做出来，发行公司和电影公司一起投入大规模宣传和发行，把电影的需求创造出来变成话题和关注点，从而使观众涌进电影院以一人、一影、一票的方式来对这个电影产生一种反馈。票房几乎就成了一个电影是否成功的唯一标志。

放映期之后，在美国会有点播期，大概在电影上映后的 6 ~ 8 个月。这之后是包月付费，即大家常见的互联网方式。这些部分本身都是版权交易，你把版权给我，在我这放，我给你一个价格，没有分账的模式。一般一年之后，会出现在电视台，以广告驱动的免费电视的方式进行播放。

所以电影这个行业的关键是院线的放映窗口期，它是电影产业的生命线。票房收入是电影产业目前主要收入部分，在美国要占 30% ~45%，在中国占的比重则大得多，甚至是美国的 2 倍以上。因为一人一票的方式，有带来爆款成功的可能，这使得电影制片相当于一笔风险投资的生意，大家有着很强烈的期待感和一种赌的心理。这也带来了更多的人前仆后继不停地创意、投资、冒险来做这样的生意，才能使得内容得以层出不穷的产出，这个行当的魅力就在于此。

网络时代院线的三大挑战

随着科技革命的发生，互联网的出现和内容的网络传播使行业面临很多的挑战：窗口期被压缩，新媒体和院线之间的博弈。如何能够使得票房不断增长，又能满足所有人的需求？在这个博弈的过程中，电影制作方非常坚决地支持窗口期，《阿凡达》的导演卡梅隆和 32 位电影人曾写过公开信，认为缩短院线的窗口期将无可逆转地伤害电影的商业模式，损失数亿级的票房。如果没有了电影窗口期这样的刺激和驱动，电影的创意本身会受到很多的局限。

同时在运营 AMC 的过程中也遇到很多困惑，我们发现这种一百多年的商业模式正面临着非常大的挑战，这些挑战为电影行业带来了巨大的痛点。电影是一个很了不起的内容行业，电影人花了相当多的时间去创造一个故事，把观众锁在黑房子中 2 个小时，带他们从现实生活穿越到其创造的环境中，不管是未来世界还是美好的爱情，都会对人产生了很大的影响。但是电影直至今天依然还在通过电影院线的方式传递给消费者，这就是今天电影痛点产生的地方。

以中国为例，第一个挑战是电影院线物理上的覆盖面仍然非常有限。目前中国有41%的县级行政区基本没有电影院。我们2017年电影的观影人次在17.2亿，尽管票房达到新高，但观影人数依然很少。电影院在不停提高观影体验和票价的同时，也将电影贵族化了。历史上，中国电影观影人次的最高纪录为293亿人次一年，目前，相比历史最高值反而大幅降低了。2017年中国走进电影院的人数大概在3亿人，这就意味着今天中国仍有80%左右的人2017年还没有机会走进电影院。

第二个挑战是众多的电影力作没有机会走进电影院。还是以中国为例，2017年拿到公映许可证的电影有近1100部，但其中大多数的电影没有机会上映到任何一个院线、任何一块屏幕，没有过一个观众。而上映了的多数电影，也没有拿到过1%的排片率。因为电影银幕个数有限，大家公共的黄金时间也有限。这一方面大幅度限制了百花齐放、创新的积极性。另一方面使花费巨大制作出的优秀电影，如分众电影、艺术电影，没有机会走到院线与观众见面。

第三个挑战就是商业模式的挑战。过去我们一直在大幅度地铺电影院，如今不应该再铺下去了，因为电影院的平均上座率一年不如一年，从2017年的13.3%降到了2018年的12.2%，一个电影院的平均上座率不到15%。尽管有电影需求，可如今用院线消费电影的方式已受到了很大局限，其原因就在于原来电影院的模式是定时定点定片的商业模式，完全由提供方来控制，而我们如今的新人类是以自我为中心来决定的。比如今天满街都是餐馆，但我们还是愿意选择外卖，因为我的时间是黄金时间，我的选择是不受控制的选择。因此定时定点定片所带来的大范围的时间成本，使得电影行业很难通过原来的方式普及化。

接着从时间的角度来看票房，会发现电影票房在春节期间像大楼一样集中，之后基本变得很少，直到节假日、寒暑假才各有一段高峰，而网络上基本是很平均的，这就是因为时间成本太高了。所以很多人不去电影院，不是因为电影票贵，而是时间成本太高。因此以电影院为中心的商业模式导致了电影上座率非常之低，并使电影行当出现了很多乱象。常会有电影院出现幽灵场、锁场等各种各样的安排，使得行业变得难以管理，阻碍电影行业的发展，限制电影规模化。也正是这些现象，给中国电影带了几个单一化：

首先是电影类型单一化。中国14种类型电影中，动作片、喜剧片、爱情片比较上座，导致这种类型更多地充斥市场。以致电影观众的单一化，如今的电影观众基本为20～28岁北上广深等城市的年轻人。冯小刚曾说过中国电影的观众是“垃圾观众”，但我觉得并不完全是，因为他指的应是单一化的那部分观众，今天中国电影的院线票房并不标志着中国电影观众的消费。

其次是成功艺人的单一化。因为电影的银幕很有限，只能放某几个导演和明星的电影，从而导致了这个行业一些影霸现象；同时在进口片源中好莱坞占的比重特别大。

单一化向多元化的改变，势必是这个行业需要解决的问题。

移动观影需求顺势而生

基于这样一个逻辑，看到这些痛点，也看到这个行业本身的发展潜力和国家对这个产业进一步发展的需求，移动电影院就在这样一个大环境中诞生。简单来说，移动电影院就是把手机屏幕变成电影银幕，把手机变成放映机，手机本身就是电影院。

原来放映期电影的放映发行终端是在电影院，而今天移动电影院的出现则将发行终端变成智能手机，把院线发布的新电影送到每个人手里的银幕。

移动电影院能够诞生，首先源于电影主管部门对这个方式的认可和支持。国家在2014年就成立了国家电影放映新模式的研究项目，经历过多年尝试，从点播的实体院线到全球播，再到2017年启动移动电影院。移动电影院有别于电影新媒体播放模式，能够通过手机等移动终端作为放映设备，向观众放映已取得《电影片公映许可证》且处于公映期内的电影。

与此同时，移动电影院自身有一个市场成熟的过程。它之所以先诞生在中国，正是得益于中国移动支付技术的发展。此外2013年出现的数字电影票，以及如今过半年轻人通过手机来消费长视频的现象，使得移动电影院在中国产生的时机成熟。之后有一帮志同道合的人，也就是我和我的创始合伙人们一起合作实现了移动电影院的项目。

移动电影院于2018年5月9日在中国文博会上诞生，百日之后在长春电影节亮相，开始正式面向中国的电影消费者，以及电影制片商和发行商。经过快速发展，移动电影院上热映电影的累计数量迅速超过百部。移动电影院的消费体验在一定程度上对相当一部分的观影者来说是一种生活方式的改变。

如今移动电影院已经正式启动提供服务，并逐步在海外进行落地。在海外工作的过程中，我接触了很多电影观众，其中一部分是在海外的6000万华人，特别是海外留学的年轻人，他们上网了解到中国特别火的电影，想要观看的需求其实非常刚性。因此在我的运营范围内，通过AMC的电影院在洛杉矶、旧金山、纽约、波士顿等中国学生比较集中的地方，专门开设了中国电影的银幕。能够把中国电影在海外落地，至少能够服务海外6000万华人，这也是我做移动电影院这件事的一个很重要的期望。目前移动电影院已经首先在西班牙和意大利与华为合作落地，使得当地人们能看到中国上映的新电影。

观影新模式助力产业变革

移动电影院到今天为止还抱有一种使命感。

首先，移动电影院带来的是中国电影的增量，而不是取代如今的实体电影院。当年录像带的出现，让人们可以在家消费电影，当时我的第一反应是电影院没戏了，但实际上没有，电影院仍然兴隆，只是它的用户消费体验改变了。移动电影院的出现本身是在制造中国电影的增量，这需要先解决的是两个盲区：一个是填补空白，覆盖那80%还没有走进电影院的人，另一个是同时让那些无法与观众见面的电影有机会面向消费者。这两个部分的做法对电影产业将是一个非常巨大的推动。从2017年的17.2亿观影人数和历史上近300亿观影人数来看，移动电影院应具备这样一个使命——把在中国的观影人数恢复到百亿数量级，使中国的公映电影达到千部，公映票房超过千亿，而不仅仅是超越美国，因为中国的电影需求远大于此。

其次，移动电影院创造了全新的观影体验。对于如今数字化的原居民而言，他们需要这样的商业模式——把电影的排片权、放映权、观看时间和选择权交给他们，使得他们可以随时随地、随心所欲地来观看电影。这是一个非常大的突破，意味着想要看电影时电影就在身边，更对今天的旅行等各种生活方式意义重大。移动电影院第一个电影的推广是在北京到上海的高铁上，这使得旅客在那有质量的4个小时中能够观看一部他们想在院线观看的电影。移动电影院也完成了满足用户各种需求的使命。

最后，移动电影院将成为强社交载体，承载党建、扶贫、企业、民族、家庭、同事等关系。移动电影院在一定程度上解决了一个瓶颈，使得消费者能够很方便地消费电影，同时也给电影业带来了深远的影响。电影是一个强大的社交媒体，比如我们买一张电影票，送给追求的女孩，或是同班同学们约好今晚一起看电影。企业或工会在进行党建工作时往往也会有通过电影进行社交的需求，而电影本身的社交属性就可以完成这样的使命。

2018 年 10 月上映了一部林永健主演的新电影《李保国》，也在移动电影院同步上线。电影讲述了河北农业大学教授李保国，奉献自己 35 年的生命，将当地一个极其贫穷的山村，改变成为中国的富裕之地，最后将自己的生命也献给那片土地的感人故事。当我们和林永健以及李保国的夫人一起来到这个村子，把这部电影送到那里，内丘县 30 万人民纷纷来观看这部电影。那里没有电影院，放映是通过手机来进行的，并通过佩戴 VR 眼镜来完成移动宽银幕、移动 IMAX 的观影效果。在那之后，从黑龙江到西藏，在一系列不同的地方，我们通过手机把这部电影传递到千家万户。

驱动创业的三要素

我今天的创业是由三件事驱动的。

首先是利国。移动电影院的出现对我国的文化产业，特别是电影产业意义重大，我认为这是一种使命感，应该要把它做好。

其次是利民。对观众和电影消费者而言，移动电影院将把电影送到你的生活当中，就像小时候有很多移动放映队，使我们能坐在操场上的银幕前面看电影。电影放映带来如此之多的观影人数，能令更多的人关注电影。

最后也是很重要的就是利己。现在是一个特别的时代，在这个时代里我们可以做一个最好的自己。因此我经常将我的职业生涯比作跳高，跳到一个高度，为了有乐子，把杆子提一提，直到最后跳不过去，似乎只有最后那一次失败才量化了最后的成功。创业的工作只是我的一种生活方式，就像红酒的品酒师、电影的评论家，到一定程度的时候，工作和生活已经结合在了一起。生活有目标，把生命浪费到比较美好的事物上，是如今我的自我推动力。

于我而言，奔跑和创业基本是我二进制的一种生活方式，希望它们不仅能增加我生命的长度，更主要的是增加生命的厚度，能让这个时代更生动，也让自己更非凡。

对话高群耀

抓住时机　顺势创业

李小萌：您跟很多行业翘楚共处于同一个重要平台，比如默多克、比尔·盖茨、王健林，和这些角色共事会带来什么？

高群耀：我觉得首先这是时代带来的机遇，中国改革开放这四十年，正好是我们这代人职业生涯最亮丽的四十年。在这个过程中，我阴错阳差地有机会跟这三个世界级的巨人共事，作为他们身边近距离的一员，让我观察和了解到很多创业人的经历。所以我今天的创业也从某种程度上受到他们很多的影响，他们有共同之处，但也有不同之处，比如他们的共同之处是，都对自己做的事极其热情，而且非常执着。

李小萌：您反复强调顺势而为，但是如何才能准确地找到趋势？在趋势来临前捕捉到市场的痛点？如何才能具备这种敏感性？

高群耀：作为投资者也好，作为企业家也好，我们今天处于一个非常剧烈的变化过程当中，所以有的时候跑得快不如先把队伍找对。我们今天是过去所有选择总和的结果，所以每次选择十分重要。首先要看到整个大势的发展，逆势而流往往是没有太多出路的。找到这个行当的痛点是创业的前提，一个创业企业的伟大之处是能解决人类生活中最普遍的问题。因此我们常常是倒过来想事情，不是说我要做什么，而是看市场需要什么。

2013 年，我认为中国的电影行业有三件事，一是连接好莱坞，二是连接消费者，三是连接科技。连接消费者就是要跟观影人连在一起，而当时跟观影人的唯一接口就是到电影院买张电影票。所以我们第一个目标，也是这个公司创业的根本点——通过微信卖电影票，产生了一个相对成功、迅速崛起的微影时代。这个动作完全改变了今天看电影的方式并且创造了很大的价值。所以这个过程本身让我们很自然地会想到进一步的延伸，也就是移动电影院。所以它常常不是瞬时一拍脑袋的动作，它是相当一段时间的积累。

移动电影院的竞争力

李小萌：现在看电影已经成为一些比较宅的年轻人们少有的走出家门的目的，也是约会当中比较有仪式感的一件事，而且在如今现场消费回潮的趋势下，移动电影院是否有点逆势而行?

高群耀：趋势是今天大家阻挡不了的，所谓的O2O、线上线下已经是我们生活中的一部分，在这个过程中每个产业都在发生变化。原来的购物中心因为电商的出现，变成了体验中心。今天进一个商场，不再是购物场所，而是一种体验的地方。实体电影院作为一个艺术形式一定还会一直存在。人们去电影院看电影，一是看新电影，二是社交行为。而移动电影院的出现，则能够满足相当一些人今天尚未有机会去电影院的需求，但是它的社交属性不会因此而减少。而且移动电影刚出现就有了可以提供移动宽银幕VR眼镜的公司，因此在家也可以享受电影院IMAX的视觉效果。此外，移动电影院的出现，还将使我们能在家里的浴缸里观看零点场、首映场，边看电影的时候边跟张艺谋对话。

电影这个行业，因为连接了消费者，会从根本上发生很多的变化。当移动电影院出现，消费者与此连接之后，这个话题就值得探讨了。因为移动电影院的出现，使电影行业电影制作方与消费方的连接方式出现了质的变化。而且电影院也出现了互动电影，因为你的反应不同电影的结局是不一样的等。

李小萌：一人一块屏幕如何社交?

高群耀：电影院的商业模式是一对多、大广播的模式，大家要一起买票坐到这里。而电影行业再往下延伸会出现AR、VR等个性化、浸入式的商业模式，每个人看的东西都不一样，所以它的商业模式注定是一对一的商业模式。也就是说移动电影院的出现，为将来下一步的发展奠定了重要基础。但同时它的社交属性又变得很关键，虽然移动宽银幕今天只是用来看电影，但我相信在非常短的时间内，它将是一个社交载体。当戴上眼镜时，边上坐着最想一起看电影的人，又或许你的女朋友在国外，你可以通过移动电影院跟她边聊边看电影。电影本身就是非常强的社交载体，只要连上了移动互联网，接下来的发展是不可预料的。而同时原来一万间电影院变成十几亿部手机的量变，也一定会带来产业的质变。所以它的社交属性可能不是原来物理上咱俩坐在旁边，而是会远超我们想象。

李小萌：我认为一个视频 App 最让人不会卸载的理由就是片源的丰富程度，但是我刚刚在移动电影院上并没有搜索到我想要的资源?

高群耀：首先移动电影院有一个发展的过程，移动电影院和实体电影院都是电影院，对于电影片方和发行商而言他们多了一个发行的选择。我把电影院比作零售店，那么电影就是产品。根据移动电影院发展的不同阶段，片商和发行商会以不同的发行方式把内容在这些渠道里进行发行，这完全是他的选择。移动电影带来的电影增量也在于此，因为电影的片商和发行商一定要把自己的票房最大化，不会往小了做，所以移动电影院的出现对整个票房一定是有贡献的。

如果电影是当下最火甚至以视觉效果为主要驱动的大片，那我可能会选择实体院线先放。但如果我是故事片，我要面向全国发行的时候，可能就选择移动院线。所以有些电影可能在实体院线上，有些可能在移动院线上。比如前两天美国的一家公司有部关于家庭宠物的电影，他希望这部电影就在移动电影院上发行，只要能在后台链接到京东狗粮的销售页面。电影节也需要移动电影的参与，因为电影节往往只是把展映的电影在局部、在这一个城市发行。因此移动电影院的出现将给观众、片商、发行商和内容商提供更多的选择。过去，大多数电影没有渠道，而移动电影院将彻底突破这个瓶颈，使得分众电影和艺术电影都有机会来上线。在今天移动电影院还是一个试点，但它内容的提供应是相当充足的。

提问者：相比于爱奇艺、腾讯视频等流媒体视频平台，移动电影院的优势是什么？相比于包月会员无限看的付费模式，移动电影院的付费模式的竞争力是什么?

高群耀：今天我们有电影院，也有版权交易的网络视频，但两者是有差异的，在电影院上消费内容就像书店，而网络视频的发展则有点像图书馆，他们给电影带来的回报是不同的两个部分。电影院所带来的消费是靠宣传、发行所创造的一种有时间性的强迫需求，不同的人群有不同的需求，当然也可以等一年之后在新媒体上来消费。电影院独具的时间性，就像人们看世界杯这个时间点一样重要，等知道结果再观看比赛的意义就完全不同。所以在电影行业，花一块钱做电影基本上就要花一块钱进行宣传和发行，把放映期的电影变成一个全国人民探讨的热门话题，从而创造一种需求把观众赶进电影院。但电影院放映就像书店一样，放一会儿就得下线，为了抓住这部分人的需求，电影过了一段时间后就进入了视频平台。

而移动电影院的出现，是因为它的商业模式、覆盖面、方便程度，会大幅度加强电影放映院线这部分消费的可能性，带来的这部分需求和视频平台是有所不同的。院线对于电影业非常重要，票房是电影商业模式的一个基础。电影制片是一个风险投资的生意，正是对爆款的期许，驱动了制片方来投资。如果订阅付费制的使用就相当于把“赌”爆款的这种期待给去掉了，反而会彻底影响到前面创意的积极性。

院线很重要的一部分是计入票房来达成院线和片商之间的交易，这跟版权交易完全不同。版权交易有点像自助餐，买一张票就能随便吃，但是吃自助餐很难期待里面每道菜肴都是非常知名且富有文化的，因为它的模式无法支撑。这个行业下一步将如何发展很难预测，但总而言之受益者一定是消费者。

提问者：院线有一大部分收入来源是非票房收入，比如说院线里的食品消费和广告投放。而移动电影院没有这些，那么它的收入来源是怎样的？

高群耀：确实实体院线的收入来自两大块，移动电影院的商业模式相对简单，因为它不是版权交易，而是分账模式，跟实体院线的票房收入部分一样。移动电影院刚刚进入运营四个多月，所以现在的营业收入主要还是靠电影票房的分账。至于它在后面所带来的服务范围，应该是电影票房是收费模式，流量带来收费。移动电影院也会跟实体影院一样带来一些附加服务，比如说解说服务，由导演和主演来对电影进行解说，并将随着移动电影的逐渐成熟而逐渐增加。

2018 年 10 月 16 日

高群耀，现任北京云途时代影业科技公司创始合伙人兼首席执行官，负责“移动电影院”项目。美国加州大学洛杉矶分校工程力学博士，哈尔滨工业大学工程力学硕士、学士。曾担任微软中国区总裁，欧特克公司全球副总裁，新闻集团和 21 世纪福克斯公司全球资深副总裁，新闻集团北京代表处首席代表，星空传媒（中国）有限公司首席执行官，MySpace 中国董事长，万达文化集团高级副总裁兼国际事业部首席执行官，好莱坞传奇娱乐影业公司 CEO 等。2018 年，高群耀入围好莱坞知名电影杂志《综艺》（Variety）“全球娱乐行业最具影响力 500 人”。

从交易体系思考媒体

伍 昕

天脉聚源创始人

当媒体与交易这两个体系相互碰撞，会给整个产业带来什么影响？当数学遭遇人性，理科生遇到文科生之后会产生什么样精彩的故事？当他们碰撞之后又将产生什么样的巨大机会？

“懒惰”且爱做梦的数学思维

我是学数学的，因此有些思维方式比较独特，往往会花很多的时间去思考应该思考什么，而这就花去了大约80%的时间。我曾在剑桥三一学院学习数学后来又攻读了艺术硕士，三一学院名人辈出，如牛顿、汤姆森、罗素等，以及众多诺贝尔奖和菲尔兹奖获得者。能跟这些人成为校友，我既荣幸又惭愧，虽然没见过他们，但是我观察到了周围同学们的学习方式。在跟他们沟通的过程中，我发现他们具有两大特点：第一，是特别爱白日做梦；第二，就是“极度懒惰”。

为什么说爱白日做梦呢？因为他们都特别爱做一个思维游戏，也就是思维实验。比如牛顿会想，苹果为什么会砸到我脑袋上？爱因斯坦虽然不是三一学院的，但他也是数学家，也是这样的思维方式，他会想如果能追上光会是什么样的场景？霍金会做这样的梦，如果能进到黑洞里会怎么样？他们会不断有这样奇特的想法出现在脑海里。

另外一个特点就是他们都“极度懒惰”，试图通过解决一个问题，去解决所有的问题。他们会不断追问一个领域、一个行业，或者一个事物本质的终极问题是什么，能不能解决一个问题后，其他问题都迎刃而解。他们都不断地追求那一个最简单、最核心的问题——本质是什么。牛顿总结出描述所有宇宙行星定律的三定律，爱因斯坦的狭义相对论阐明了能量和物质之间的关系，霍金则告诉我们黑洞其实并不那么黑，用一句话解释了他一生的研究成果。

然而这些伟大的数学家在遇到人性的时候依然无解。聪明伟大的牛顿也曾有一段不为人知的经历，他在英国1720年股市大崩盘中丢掉他几乎一生的积蓄——两万英镑，差不多是他在不吃不喝的情况下十年的工资，最后他几乎一无所有。牛顿说“我能算得准天体的运行，却算不准人类的疯狂”。

信息与交易——推动人类社会的两大引擎

到了新媒体行业，不禁要问我们到底应该思考什么？推动这些发展的本质是什么？我总结出就是信息或者叫媒体与交易，这两个属性是推动人类社会发展的最核心的两大引擎，甚至整个人类社会的发展就是信息与交易互相作用的结果。如果再进一步，把信息和交易变成两个指数的话，即信息量和交易量，基本可以看出一个社会或者国家发展的成熟程度和复杂程度。此外交易与媒体也是定义人这个物种最根本的两个属性，从人类最初到中世纪再到现在，这两个指数在不断增加，除GDP外，这两个指数基本可以反映出一个社会的发展情况。

首先，交易是人最本质的属性之一。亚当·斯密在《国富论》中提到，“人类是唯一的一种进行交易的动物”。交易在大家看来是一种非常理性化、数学化的动作，但它后面的一系列发明和创造都是概念，它并不是技术的发明和创造，而是我们脑子里的发明和创造。包括钱、宗教、公司、股票、期货等，这一系列的概念都是我们创造出来的，只存在于我们的大脑中。但这些概念的创造甚至要比一些科技创造更有突破力。理性的交易其实需要很多这样概念的创造来推动。这一系列概念的发明只有一个目的，就是追求整体效益的提高。

另一个属性则是媒体属性，换言之就是“信息”。媒体和信息基本定义了人能够使用语言并进行信息记录，这也是人类独一无二之处。语言使我们与动物区别开来，而文字的记载又开创了整个文明的启动，我们可以用文字把知识和概念进行传承。媒体和信息这些看起来非常文科的内容，其实十分依赖技术的革新。从最开始书写的发明、造纸、印刷，到后来的报纸、电视、互联网、社交媒体，再到未来的VR、AR，每一次媒体形态的科技变革，反而对媒体本身产生了本质性的变革。现在美国总统管理国家的方式都已经发生了变化，可以每天在Twitter上发表各种信息，这在以前是不可想象的，也是上一任总统不可想象的。此外媒体形式也深深定义和革新了我们所在的新媒体行业。

回过头来仔细审视交易的概念，它带来巨大的价值，但同时也是一把双刃剑。交易方式的创新和变革对社会产生了巨大的变革动力。交易所等交易方式的出现，几乎推动了整个人类社会文艺复兴时期现代文明的启动，以及后续一系列科技的发明，包括牛顿的一些技术发明，都是在金融繁荣之上逐渐产生的。交易是个看起来非常理性的过程，但其实又把人性的非理性暴露无遗，它可以给社会带来巨大的动力，同时也可能带来巨大的破坏力和灾难。英国成立的第一个交易所就是一个交易给社会带来巨大推动力的案例：1565 年英国开始设定了第一个交易所，设定目的并不是为了给广大股民提供炒股环境，而是给国王融资。国王缺钱时需要在一个地方拿钱，以前的方式都是国王向老百姓借钱，越借越多，到最后国王连利息都还不起，这时候国王依然需要钱怎么办？那就建立一个交易所。

此时公司的概念应运而生，当没有人可以承接这个债务时，公司就出现了。一家公司出来承接国王所有的债务，但是把国家里很多特殊的权益赋予它作为交换，比如让这家公司去开发印度。大家耳熟能详的东印度公司就是这样出现的，它承接了国王的债务，换取了开发印度的权益。东印度公司对整个世界历史的影响都非常巨大，它发行了股票，融到了钱，通过私人武装打败了印度王朝，并且统治了印度几百年。而这个私营公司所完成的工作，并非一种政府行为。一家公司征服一个国家，并且统治了上百年，这在现在是无法想象的。英国南海公司股票的走势就是牛顿十年的积蓄被洗劫而空的过程。

另外一家法国的密西西比公司则跟一个非常天才的人物有关——约翰·劳。他的思维超越了当时那个年代几个世纪，天才地发现债和钱其实是一个东西，而国王有很多债，就可以把债变成很多钱，他把这样一个理念兜售给法国的国王，并且在他的密西西比公司得到无限的放大和实践。1719 年，密西西比公司开始运营，短时间内法国的经济仿佛打了兴奋剂，瞬间所有的法国人都觉得自己很有钱，开始买奢侈品。约翰·劳也在这个过程中达到了他人生的巅峰，整个法国的经济和国王所有的财富，都由他一个人来打理。

约翰·劳开始策划在法国市中心最繁华的地方，开一家比伦敦交易所更繁华、更漂亮的交易所。但是当数学碰到人性，当人性的非理性暴露，当一个体系失控的时候，任何人在这面前都变得非常的渺小。聪明如约翰·劳也无法阻止日后密西西比公司的崩盘。与其对标的英国南海公司，在公司竞争中密西西比公司的股票冲上了天，但也很快在 1720 年就跌到了低谷，而在这个过程中无数人变得一贫如洗。

这样的交易所在给整个社会带来价值的同时也是一把“双刃剑”。英国和法国几乎在同一个路径上，但是两个国家走出了不同的路。英国处理得比较得当，把当时的善后工作做得比较好，出台了一系列政策，稳定了人心，使得这个事情没有继续恶化下去，除了很多人丢了很多的钱，像牛顿这样的人丢掉了十年工资之外，没有发生更大的社会动荡。然而法国出现了整个国家经济的崩溃和崩盘，也就是所谓的国家的破产，直接或间接地引发了后来的法国大革命。并且法国现在是共和国，而英国现在还是君主立宪，也都源于当时的这个事件。

接下来是交易的本质。比如，股市是通过低买高卖来赚取利差，《圣经》里曾说赚取利差是不好的事情。但其实个体的逐利过程反而可能会带来群体的效益。有一部电影叫做《美丽心灵》，讲述了20世纪著名数学家约翰·纳什的故事。约翰·纳什是一位很厉害的数学家，曾在年轻时提出了“纳什均衡”，其本质阐述了个体逐利同时带来的群体利益最大化。很多人把股市比作赌场，但这个赌场其实为社会带来了价值，也就是它提高了效率，同时做到了最好的价格发现。到底一个东西值多少钱并不是一个人说了算，而是由供需来决定。所有人在逐利过程中反而体现了这个商品真正的标尺和标价，这一切其实就是在低买高卖的个人逐利的过程中产生的。

另一个很核心的概念则是流动性。流动性是指资产可以很快地出手被别人接走。流动性本身不产生价值，但具有流动性的资产则被赋予了更大、更高的价值，比如房子。如果一个房子只能住，那它是一个商品。但是当它产生流动性，这个商品的本质并没有发生任何的变化，它却好像增值了。这就好像我太太经常用的叫闲鱼的网站，家里有很多的闲置，当我把它拍卖出去之后，好像就增值了，其实东西本身没有发生任何变化，但是它产生了流动性，流动性为商品本身带来了附加价值。人们会为带有流动性的商品付更高的价格，也会为沉睡的资产提供更好的价值体现。

再进一步看，流动性的另一个概念其实是钱。约翰·劳发现钱等于债，而债则是向未来的透支，也就是今天向未来借钱，这是一个融资的过程，是把未来的钱拿到了今天，以提供流动性，这样未来就真的成了未来。这就是我们整个人类发展的核心动力。美国国债、公司发行的股票，其一切的目的也都是如此，即两个字——融资。未来借的变成今天的钱，变成流动性，提供动力把未来变成未来，这就是钱的本质。

这个过程的好处在于钱的魅力将使很多无关的人参与进来。比如说我去买中国石油的股票，虽然我家不缺石油，但出于相信它会变得更好的心理，就会去买它的股票。同理，当一个市场具有流动性，具有了资产化的过程，就会有很多原本不在这个行业中的非专业人士进入这个市场里面来。因此我认为影响一个行业乃至于影响一个社会最本质的一个动力就是交易。

其次是关于媒体的概念。媒体是信息传播的一种方式，也是注意力，更是一种建立信心和摧毁信心的武器。电影《至暗时刻》中丘吉尔用他的语言激发了整个英国抗击纳粹的动力，建立了信心。时任中国国务院总理温家宝也曾说过，“信心比黄金货币更重要”。而媒体正是这样一种对人类有影响力的工具，也是上面这些概念的承载和传播通道。这些概念被发明创造出来，能否为人所接受，靠的就是媒体的传播和信息的承载。

其实媒体并不遥远，比如说语言就是一种媒体，讲课的过程就是一种媒体传播。媒体是具有触动力的，比如古代打仗之前都要写檄文以示师出有名，而曹操听了陈琳的檄文竟治好了头痛。还包括古代经典的故事《四面楚歌》，那就是张良的个人广播电台。张良用一支箫传播两个信息，第一它本身是媒体，第二它是战争的传单，传递出的信息让所有的楚军认为楚地已经被汉军所控制，造成楚军信心的崩溃。媒体就具有这样的能力，一根箫呜咽的箫声达到了千军万马所无法达到的效果。

广告资产化是高效交易模式的第一步

以前进攻一个国家，首先是要控制其广播电视台，因为它是注意力的中心，是能影响到所有人的武器和工具，当这样的注意力被商品化时就很有意思了。人类特别愿意干的事情就是商品化，即把一个东西标准化了之后变成可交易的东西，也就是广告。当我们把注意力商品化之后，这种特殊的、价值巨大的东西就可以交易了。广告的交易方式其实一直在不断改变，在这么多年的发展过程中经历了很多阶段。每年有一个备受媒体行业关注的时间点，就是“11·18”央视广告拍卖会。这一天中央电视台会把广告的黄金时段通过拍卖的方式来销售，这是一种销售模式的改变，也是典型的金融化思想促进了资产的价值最大化。它采用英式拍卖方式，是一个大家举牌、价高者得的过程。这是一个很大的创新，在整个广告销售过程中，给央视带来巨大的收益提升。

接下来随着互联网媒体的发展，这种交易的方式和效率被更大地提升。互联网最开始的广告形态很单一，都是 banner 广告，因为整个互联网广告的体量非常小，模式很单一。而搜索引擎，也就是一家伟大的公司——Google 的出现带来了改变，它改变了两个点，第一点就是为人所熟知的 PageRank[①] 的信息分析方法，但它更大的成功不在于分析方法，而是广告交易方式的成功。在 Google 出现之前的搜索引擎也有类似的竞价模式，就是通过类似于“11·18”央视广告拍卖会的交易方式去竞价搜索引擎广告，但会存在一个价格很不稳定的问题，因为用最高价来拍卖的过程中没有“纳什均衡”。于是 Google 发明了一种叫“第二价成交”的方式，也就是大家都可以出价，但是拍卖最高的人只需要按出拍卖价第二的人的价格来成交。就这一点创新解决了核心的问题，使成交方式有了“纳什均衡”，价格得以稳定，从而促成可持续的、体量巨大的市场，而这也使得 Google 成为今天的 Google。后来 Facebook、雅虎、包括百度等所有的公司都使用了这样的方式，“第二成交价”就变成了互联网搜索引擎的基本算法，也成就了现在整个互联网数以千亿美元计的广告体量。

互联网广告的继续发展还带来了程序化广告交易平台的出现。Google、Facebook、包括央视所售卖的只是自己的广告、自己的关键词，即自己的媒体自己通过竞价进行销售。而程序化广告交易平台则是把多方的媒体和多方的需求方串联在一起，你有需求我有媒体供应。这个过程就是互联网另外一大发明——将注意力标准化。媒体是一个信息传播的载体和注意力的载体，在以前没有把它标准化，不知道交易的东西是什么，没有一个独立的单元，而互联网的发明把它标准化成 CPC[②]，即一个点击，不管是网络上的点击还是手机上的点击，媒体的注意力都被标准化成为一个非常具象的点，然后通过这样的交易平台可以实时出价，瞬间就可以达到百万量级的交易，这样的平台比如说微信的广点通，整个互联网的脉搏都在这样的平台上得以体现。随着不同的时间，比如说“双 11”“双 12”的临近，这个价格也会有非常大的起伏。这是个很大的创新，也是最近几年推动互联网广告发展非常重要的一个点。

打造真正的广告交易平台

以上所说的广告交易平台似乎并非真正的广告交易平台，因为它交易的是

---

① PageRank，网页排名，又称网页级别、Google 左侧排名或佩奇排名，是一种由根据网页之间相互的超链接计算的技术，而作为网页排名的要素之一。Google 用它来体现网页的相关性和重要性，在搜索引擎优化操作中是经常被用来评估网页优化的成效因素之一。

② CPC 是“cost per click”的英文缩写。意思就是每次点击付费广告，当用户点击某个网站上的 CPC 广告后，这个站的站长就会获得相应的收入。

一种商品，而非一种权利，这是一个非常巨大的概念差异。现在所有交易的广告都是有限度的，没有对未来的预期，也没有持有的价值以及流动性，也就是说买了广告不能再卖给别人。从央视“11·18”拍卖回来的广告只能自己用，也有可能几个朋友一起沟通地投放，但并没有流动性，它并不是一个资产，我们没有持有它的过程，也没有对它涨价和增值的预期。所以从金融和交易角度来讲，这是一个不成熟的体系，不成熟的体系就意味着巨大的价值和空间。上面所提到的一系列的交易概念，在现在这个所谓的广告交易平台里面都没有，比如对未来的预期和它的期货即资产的属性、流动性。此外所有这些广告交易平台，是一个非常专业化和技术化的领域，不理解 Google 第二价格达成交易的人是没有办法参与这件事的，所以普通老百姓没有办法持有一个广告资产。

当现代社会发展出了各种各样的金融产品和金融衍生品，连大豆、黄豆、钢筋水泥都可以以期货的方式进行交易，广告为什么不可以？广告有没有可能被资产化？媒体的注意力有没有可能和那些金融概念、广告资产以及广告理念相结合，形成一个不需要知道是谁而高效达成交易的一个场所，并产生流动性？也就是买了央视广告后，可以持有它，可以在未来一个时段去使用它。我把抖音的开机画面包下来，一年以后行使，一年之间把它卖掉赚差价。有没有一个地方我不需要去讨价还价，不需要知道卖方和买方是谁，就能高效地达成交易。有没有一个地方可以让我的广告价值由供需被市场所发现，而不是广告主拍脑袋来决定。这就是我们现在在思考和探讨的核心点，而这个领域目前基本属于一片空白。那么这样的交易平台需要什么呢？这里面有很多的细节和技术问题需要解决，以下我列举了最核心的一些问题。

第一商品的资产化过程是一个很大的难题。对于广告这样的商品来说，它一个最大的问题就是过期无效，比海鲜过期还快。比如说世界杯的广告，世界杯结束了，它的价值等于零，因为时间点过去了，对于一个归零的东西是没有人愿意持有的。虽然大家的房子可能是七十年房本，但是我们一定都有一个期望，在七十年之后国家会有一个说法，不会把它归零，所以我们才会去买卖房产。同样的道理，如何把商品变成资产，这是一个亟须解决的技术问题。当年伟大的发明就是期货，即在一个固定的时间去交付。

第二是权益化，任何交易效率提升的核心是都要把它标准化，比如互联网通过 CPC，即通过一个点击把注意力标准化。不管你看了多久，你不点就什么都不是，而你可能还什么都没看，但你点击就算，这就是互联网现在标准化的简单粗暴的方式。但有没有一种其他的方式能够使其标准化？如果不能标准化就不可能产生高效的效益。股票市场之所以效益很高，就在于它的标准化，一股代表的收益和分红非常清晰。

第三就是合理的交易规则也非常重要。因为它毕竟是个特殊的商品，既不是实体可以被看到，也不是虚拟货币和空气币，而是一个非常有价值、能够通过市场高效交易和产生的一种资产，它介乎于实体资产和虚拟资产之间。

第四是信息的公开透明也很重要。任何一个交易所的核心都在于信息的公开、透明和公正，所以信息的公开透明也成为这个体系的关键。一个媒体如果要让投资人把它作为一种资产去购买的话，需要像投资股票一样信息公开，即让投资人知道这个公司的报表和收益信息。那媒体需要公开什么信息呢？最简单的就是你的体量，然后是你的受众群体、其属性和黏性等一系列的信息都是判断这个资产是否有价值、是否会升值的一种前提条件。

第五，还要思考安全性，比如上面提到的密西西比公司、南海公司的暴涨暴跌都是前车之鉴。人性没有对错，但是必须控制。如何抑制这种投机的冲动，也是个很严肃的问题。如果这些问题能够解决，那么它带来的好处是巨大的，突破也是巨大的。

第一个好处是交易效率会大幅提高，并且产生一个市场。我不需要知道我的对手方是谁，我只需要对这个资产进行判断就可以进行买卖。第二是能够获得融资，对于媒体来说这就成为一个非常重要的融资通道，国王可以通过它来融资，公司可以通过它来融资，媒体也一样，即使是自媒体也可以，只要能说清楚这些内容，能标准化，我就可以把未来的钱拿到今天来，然后把未来变成未来。这样也可以使很多新能量得以注入，这些新能量就是非专业化的交易，即非专业化的资产持有人，也就是说我并不一定需要去投放广告就可以参与到这个事情里来，因为我有个人的利益驱使，我有个人的投机色彩，这没有对错，但它会让更多的能量、活力和资金注入其中。第三个好处就是透明，这个市场变得公开透明。很多以前不可见的问题，或者说不透明的问题将被解决。第四个重要的好处就是可以发现价格。任何一个商品的价格发现都很麻烦，比如说 2018 年 7 月小米公司上市的过程炒了好一段时间，价格发现非常困难。到底是估值 1000 亿美元还是 500 亿美元，到底二十五美元发行还是十几美元发行，这个过程持续了好几个月。但是一旦发行成功，开始上市交易，几分钟之内价格就会被确定，也就是当交易效益足够高的时候，价格发现就变得非常高效，所有个人的利益驱使使得群体效益得到最大发现。这件事情是值得我们思考研究的，因为它体量巨大。中国的广告体量在 5000 亿左右，全球更是巨大，而整个互联网产业无外乎就游戏和广告两大体系。广告的体量支撑了这么多公司，比如Facebook和Google，如果能够被资产化，能够被有效率地进行交易，那所带来的变革将是非常深刻的。这种交易模式的变化将会给整个产业带来非常深刻的影响，这种影响可能是我们现在都无法预见到的，就如同当年央视广告最初提出“11·18”这样的创新模式为后面带来的启示一样。

非传统成功的五个层次

我对成功的定义跟很多企业家不太一样，我将成功分成了五个层次，这五个层次的成功有的通过个人努力可以获得，有的则需要运气，也就是说基本靠命运。

第一层次的成功，是能够对这个世界美好地欣赏。也就是说能够吃遍天下美食，或者看遍天下美景，或者能够欣赏某个领域，比如能听懂肖邦的音乐，感受到它的美，这就挺成功的，当然这个成功需要个人的努力。

第二层次的成功，是能在某一领域有所建树、有所创新，对这个领域能有所贡献，有一些自己独到的想法。这些也是可以靠努力达到的，但是需要更多的创新和思考。

第三层次的成功，如果把成功这个词换成“幸福”可能更准确一点，就是你能把这种创新或者见解分享给别人，能够为别人打开一扇窗、一扇门，把它传承下去。

第四层次的成功，就是普世意义上的成功，即把所思所想付诸实践，也就是所谓的建立当世之功，或者所谓的创业，真正能够去把这些东西做出来。其实这个很多时候就要靠运气了，因为它所涉及的因素非常多，不仅仅是自己能想到就可以做到的，我们可以不断地追求，但是很难强求，这种成功是需要运气的。

第五层次的成功，就是在刚刚所有做这些事情中，前四个你都能找到知心的好友或爱人分享这些所谓的幸福和成功，但这个也需要一些运气。

创业是不可控的博弈战

年轻时应该放飞自己的思想，不要过于现实，因为未来很长的时间里，社会会逼着你变得现实，逼着你去体会这个社会的现实、残忍和琐碎。所以在这个时间阶段可以去放飞自己的思想，没有人可以阻止你在想什么，不要轻易地放弃这份快乐和权利。

诺贝尔奖大家都很熟悉，但诺贝尔没有数学奖，最高的数学奖项是菲尔兹奖，比诺贝尔奖还要难拿，每四年最多颁发四枚，只颁给 40 岁以下的数学家。所以数学也好、经济也好、各方面都好，最活跃的思想和伟大的成就都是在 20 岁左右的时候被想象出来的，后面这些科学家的一生都是在不断地完善他最开始的灵感，有无数的例子包括高斯和纳什。所以无论在什么行业和领域，20 岁左右是我们思想最活跃的时候，因此在大学阶段的年轻人不用太过专注于应用，而应该让自己可以想得更多。

创业有风险，入行需谨慎。创业这件事不太可控，当你选择这条路的时候，其实你可能并不知道自己选择了什么，也不太知道自己放弃了什么。因为它在后面不仅仅是一个理念和做一个东西，而是在这个过程中其实已经放弃对很多事情的控制能力。在创业的过程中很多时候是需要运气的，常常会有很多因素来决定创业历程。前面提到那么多的聪明人和伟人，他们的经历告诉我们，在面对大潮的时候其实任何人都很渺小，面对普通人的时候一个小浪花就可能把我们扑灭了，也就是说我们对创业这件事要有所敬畏，当你启动的那一刹那，其实就已经做了一个很重大的选择。

这个世界是一个人性与数学交织的世界，是理性与非理性交织的世界，它非常的混乱、复杂，充满了无数的不确定性，而且不可控。但也是正因为如此，这个世界非常美妙。

对话伍昕

电视媒体何去何从

李小萌：是否可以简单介绍一下您现在的创业？

伍昕：我从 2008 年开始创业到现在正好十年了，基本上做的是传统媒体与互联网、新媒体的交集。我最初做了一个平台，建立电视的搜索引擎，简单讲就是 TV Google。通过语音识别、画面分析等一系列的智能化手段把全国几百家电视台数字化后，一个人物、事件、关键词、公司，一个画面，只要在电视上有过曝光，就可以被搜索出来，整理后产生了大约 2 亿条电视内容的数据库。我们将数据加工处理好，分发给所有的互联网平台，由它们再向我们的互联网用户进行播出。这个价值很大，不仅可以搜索，更是在电视媒体和互联网之间搭建了桥梁。我们是中间商，嫁接了传统媒体的线性播出和互联网媒体的颗粒化传播，搭建了基础构架，使其成为一个巨大的数据库和搜索引擎，也就是我们可以随时调取任何一个画面或片段，比如《新闻联播》在播出到第二条内容的时候，第一条内容就已经分发到这些平台上来了，可以进行点播。

李小萌：如何让观众参与到节目当中，把观众留下并转化成互联网的用户？

伍昕：电视媒体是没有用户这个概念的，只有观众，电视人也没有运营粉丝或者用户的概念。所以从 2014 年开始我就跟很多频道栏目开始做节目的互动，通过互动的方式让观众可以参与到节目中，把观众留下，转化成互联网的用户。比如说《中国诗词大会》，在播放内容时，通过用户摇一摇抢红包的方式产生双屏之间的连接，给用户提供伴随着电视共同互动的体验。

李小萌：什么是电视媒体核心的问题？

伍昕：生存和收入。整个产业需要更加深刻的变革，这个变革不仅仅是把自己的内容处理得更好，把用户和观众留下，而在于能否引入更强的活力，将原来不在这个行业的人引进来。新型的互联网平台日新月异，媒体形态、内容制作方式、广告模式都在创新，就是因为它有新鲜的活力，而电视行业过于封闭，缺少活力，所以可以通过金融的模式，将外部非专业人士引入这个行业。

李小萌：电视中某一时间段的内容并不固定，如果预售它的话是否有很大的变化？

伍昕：这就是价格变化的因素，也是个体投机的因素。但正因为个体投机，才会产生群体的效应，才会为这个产业带来活力。所以不要害怕投机的罪恶。

提问者：广告资产化的模式，是否能为电视台提供用户流量提升的正面影响？

伍昕：电视的问题很清晰，它的媒体形态决定它没有互动性，所有人看到的是一样的问题，电视是所有人的中心。而这个时代所有人追求个体化，千人千面，每个人都想站在舞台的中心。我们正在努力，让用户参与，能够表现，成为里面的一分子。另外是金融的创新，如果广告销售得比较好，有了资金就可以有创新的空间和试错的可能性，可以创新不同的形态，甚至其他融合性的方式，比如说现在的 IPTV。这需要思考，也需要努力，但是努力是需要资源的。要想把未来的东西变成今天，再把未来变成未来，金融可以解决这个问题，更高的交易效率可以解决这个问题。

提问者：电视媒体资产化的产业模式是中国特色吗？在别的国家是否存在这种模式？电视台的体制是否会有所影响？

伍昕：电视的转型和广告的销售是全球共同的问题。各个国家的电视媒体都在想方设法地创新，也在做同样的思考。所以这个问题不仅限于中国，电视媒体何去何从，方向是何，如何应对整个体量和付费方式对传统的巨大冲击和挑战，是全球共同面临的变革的问题。资产化是创业者需要面临的一个问题。有一个好的理念，最优的路径并不一定是你能走得过去的，A 到 B 的直线距离很美好，但是过不去，中间会有很多不同的困难和障碍，体制就是其中一个。体制有好处也有坏处，比如我们不存在语言结构的差异问题，我们需要做的是找到一种可行的方法，让电视台、国家、交易所、投资人、广告主都可以接受。这其实就是对创业者的挑战。

媒体与交易的权衡

李小萌：在媒体行业，技术团队和内容团队时常会产生分歧，您认为谁更能形成主导呢？

伍昕：我认为谁能把这个平衡掌握好，谁能把这两股力量有机地结合在一起，就能够为这个产业提供解决方案。我的题目叫做“媒体与交易，数学与人性”，就是因为在我看来没有谁更强，它们是相辅相成的。媒体的传播内容是文科的东西，但呈现形式都是技术承载的，新兴的媒体形态都是技术变革所产生的。所以谁能够用技术的方式承载人性，或是能看到数学逻辑的本质，再加以人性的包装，谁就会赢。

李小萌：您所做的广告交易，为什么不是眼下，而是未来呢？

伍昕：这是我们主要想去突破的一个点。我们认为电视广告可以被资产化，将金融化和交易化的思想引入传统媒体行业来。关于未来，我们以往买卖广告都是商品，买卖一个定向的东西，这是没有办法变成可持有的资产的。我们需要创造一种其他概念，比如一种可以被持有的权益，这种权益可以被买卖，会产生流动性，这就可以变成一种资产，我们现在正在打造这个概念，探讨这样的可能性。

李小萌：媒体平台的一大痛点是数据的真实性，那么如何保证广告数据的真实性？

伍昕：广告点击数据是媒体行业的关键问题。我们的解决方案是用市场解决，从外部反馈的动力推动这种变革。参考股票行业，我觉得这是一个逐渐博弈的过程，有这样的平台能够让供需方产生交易，让市场发现价格，就会反作用于整体。媒体的点击量、曝光量必须是真实的，否则投资者会说由于数据的造假所以其投资受损，这种巨大的压力将反向促进市场的变革。我们正在搭建的交易所会对所有的媒体方有明确的要求，他必须不断公开公正地披露媒体曝光、用户分布各种属性。信息越多、越公开、越开放，信息感就越强，就会有更多的人参与进来，市场就会更加繁荣。开放的好处就在于很多非专业化交易者会进来，媒体可以更方便地融资。

提问者：文娱的行业要素成本太高，您怎么把这个行业标准化、规模化？怎么降低要素的成本？

伍昕：这就回到了数学思想上，数学思想最追求的点就是抽象，在一堆看起来不相关的事情中找到共性的规则。媒体也是一样的，它的价值在于创新和个体的活力。我依然坚信可以创造出一套规则，让这个体系之下所有的创新能够在一个标准化的体系之内进行高效交易。比如说 Google，通过 CPC 固化、标准化它的影响力，后面的一系列竞价都基于这个标准化的方式展开。我们的解决方法是把其标准化成为一种权益，广告能不能变成一个投放权？这就是概念的创新，这些概念可能还没有，但我坚信一定会有的。标准化是解决问题的第一步。

创业最重要的是做出决定

李小萌：我们同学应该如何分辨自己的天赋和决定，少走弯路？怎么做出关于人生的决定？

伍昕：我觉得在上大学时不用特别担心，在大学里面放飞自我就好了，对什么感兴趣就要多想、多吸收，很多创业者创新的思想火花都在这个时间产生，然后一生都在完善它。不用去想大学毕业之后就要工作，其实将人生拉长之后看，早半年晚半年工作没有很大关系。我认为大学不应该是培养一种技能，而是一种思维方式，我早不记得数学里面的具体公式，但有很多思维方式一直跟着我。

李小萌：您觉得创业最大的坑在哪里？怎么判断我是适合创业还是适合做CEO？

伍昕：我觉得创业到处都是坑。经过长时间的体会，我觉得适合创业的人是非常少。创业需要很多的运气，有很多不可控的因素，需要在正确的时间做正确的事情。创业也与难度有关，想要通过创新解决深刻的核心问题，就要承受高风险和最极限的压力。

提问者：您觉得创业最重要的是什么？

伍昕：最重要的是做这个决定。这个决定非常重要，它是人生的一道分水岭。创业后和创业前是完全不同的人生状态，创业前可以很天马行空，很随意；而创业的时候就要对很多事情负责，团队、投资人、用户、客户。这个责任使得当你决定了这件事情以后就没有回头路，只有两个字，就是坚持。当迈过这个坎的时候，它已经不再仅仅是选择的一份工作了。这是很慎重的决定。

2018 年 9 月 18 日

伍昕，天脉聚源传媒科技有限公司董事长兼总裁。剑桥大学三一学院数学学士及艺术硕士。曾历任英国 Autonomy 系统软件公司中国首席代表，Openv. com 赛金传媒 CEO、联合创始人。2008 年，创建天脉聚源，同年入选中组部“海外高层次人才引进计划（千人计划）”。

开创大语文教育

窦　昕

立思辰总裁、立思辰大语文创始人

开创大语文

“语文”是什么？“语”指汉语，是中国人使用的母语。“文”有很多范畴，狭义来说是“文学”，比如大学里有一个专业名称是汉语言文学。如果向上下延伸，最多可以延伸出十几个文学概念，最主要的是“文字”“文学”“文史”“文化”。

中华人民共和国成立后语文课本一共是有两本书，一本叫作《汉语》，另一本叫作《文学》。1958 年以后，《文学》课本取消，中国人所学到的语文内容大体是从《汉语》中来。我们可以回顾一下自身的教育经历，其实大多数人都是以人教社主编的语文教材为主。这套教材编写形式与《新概念英语》极其相像，书本开篇是生字生词识记，之后最主要的工作是分段，概括段落大意、总结中心思想等，这是一套系统的学习语言的方式。现在不一样了，现在的教材思路有了一些变化。

可是就文字、文学、文史、文化这样一个脉络和体系来看，在现实的语文学习过程中是缺失的。比如，就基础的文字而言，我们并不完全知道每个字的写法、字的由来等。这种基础识字课没有学过，否则每个人都会对每个字的认识极其深刻。

我举两个例子，“孔”字的写法，左手旁是画一个圈，下面是儿子的“子”，右手旁是甲乙丙丁的“乙”束。“孔”字最早的由来是当男子十五岁后头发变长，要把头发束起来，二十岁行冠礼，故十五岁是束发之年，待男子长成孔武有力的形象，所以此字为“孔”。

《说文解字》“孔”字

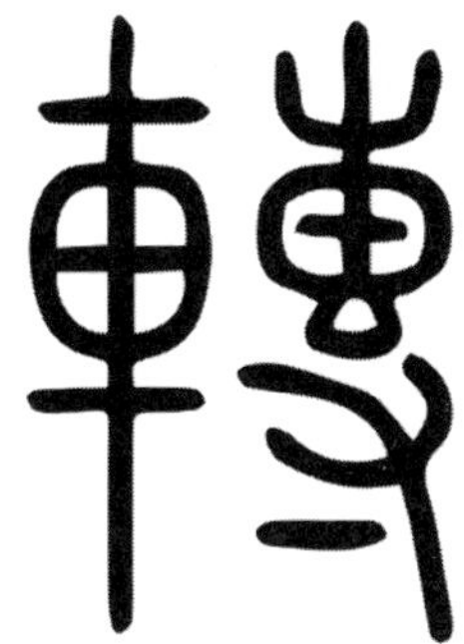

《说文解字》“轉”字

“转”字的写法，起源是有一个簸箩一般的转轴，下方是两只手在拨动转轴，时间推移演化成单手拨动转轴，后又演变成繁体字“專心”的“專”，逐渐变成草体，经过楷化成为现在广泛使用的“转”字。每个汉字都有一个故事性的由来，但是可惜的是大家并不熟知每个字的由来。每个中国人都应该对每个汉字认识一遍。

文学在平时的学习中也没有涉及。每个文学发展时期，都存在哪些文学代表人物、文学现象等，大家都没有系统地学过，虽然大家都上过语文课，但可怕的是没有人真正把语文学进去。

美国的历史虽比中国短，但美国却非常注重人文教育，在社会中普遍存在一种精英教育的理念。美国人对理工科和技术没有那么重视，而中国人勤奋聪明的品格造就了中国在技术领域方面的优势，但在人文方面，表现得过于放松，从父母辈流传的“学好数理化，走遍天下都不怕”的观念中可以看到，我们逐渐忽视了人文内容。

故此立思辰大语文早期定位是打造一个文字、文学、文史、文化的课程。我想做的事是从课外培训出发复兴“文”，要把“文”做大做强，逐渐填补每个人内心里需要的东西。

当今中国的国力逐渐增强，中国再次以一个东方大国的姿态出现在世界上。以北宋仁宗年间为例，中国的 GDP 总量超过了全世界经济总量的 60%。当今的中国又以一个大国的姿态回到了世界的舞台之上，整个国家上下同心，一致认同中国“文化要复兴”的理念，所以中国传统文化的重要性不言而喻，国家领导人相继提出了“文化自信、文化出海、文化传播”等理念。

在这样一个大背景下，中高考的指挥棒也有所改变。以中高考的语文命题方向变化为例，文化、文学的考核比重在考试中逐渐加大，北京市的中高考试卷上出现了古代碑文的考证，要求学生理解碑文字体、文字由来、字体特色等，试卷中出现了描写古代文化现象的长篇文章让学生理解评价。

立思辰大语文讲授的文史、文化课程虽然看起来是一个软需求，虽然不能直接成为提分工具，但是这门课程已经成了一款明星产品，在今天七十几家公司的大语文竞争赛道上，立思辰大语文有机会占领了一个相对领先的位置。

由于多年前已有人提出了大语文观，在 2008 年时，我就决定把企业产品和思路打法定义为“大语文”。这种命名方式就好比口香糖的创始人，把口香糖从一个产品变成了一个命名，本想做一个品牌却成为一个品类。但我并不后悔做了这个选择，只有充分的竞争才能把大语文事业变得更大更强，把大语文赛道拓得更宽。

七十几家走大语文赛道的公司，不乏巨头，有 54 家属于线下机构，20 多家属于线上机构。而立思辰是一家线上线下结合的机构，既有线下的实体学校教授大语文课程，也有线上的直播课程“诸葛学堂”供学生选择，同时线上课程包含录音课程和丰富的线上课程产品。

教育这个赛道很大，大语文行业也充满了希望，它有很多优势，比如现金流较好、续报率较高、复购能力强，是一个不错的行业，大语文赛道的未来甚至可能会成为千亿级蓝海市场。

选场景、选客户、选需求、定产品

做好语文赛道，要做好四件事：选场景、选客户、选需求、定产品。

首先要考虑场景因素，即先思考交付的教育类产品，目标客户使用产品的时候是在哪个场景中实现。如果考虑做线上直播课，目标客户使用课程的场景定在家里，还是定在车上？在路上的可能性很小，因为学习时间不对称。通常把目标客户使用场景定在家里，使用产品的可能性会变得最大。如果考虑开设线下班，目标客户的使用场景是在培训机构，就需要考虑培训机构的位置，应该设立在城市的什么地方？

立思辰大语文主要有两种培训场景，一种场景在家里，另一种场景在写字楼，实践验证，高客单价的场景主要就集中这两个场景中。还有别的场景，比如说一些音频课程，它的使用场景是在家长送孩子上学的车上，还有一些音频类产品，是在孩子睡觉前。

其次需要选客户，想直接获取客户，跟客户直接产生连接是 To C，通过培训机构连接消费者的模式是 To B，跟学校连接再联系消费者的模式是 To G。立思辰大语文线下培训课程的思路是 To C，企业直接获取客户，并和客户连接。把自身产品做好，使用最简单传统的方式也是赛道最宽、路径最短的方式。

以 To C 为例，我们解释一下具体的交付场景。

——写字楼场景。这是线下班课最常规的方式，用线下双师的培训模式实施授课。在写字楼里开一间教室，这个教室站着一个老师，但是这个老师主要职能是班主任，是维护教学纪律、组织课堂教学的。真正讲课的是 120 寸幕布后的老师，而这个幕布上呈现出的老师往往是北京、上海等地的名师，通过一带多的方式进行授课。

而 AI 外教课程，采取低获客、高单价、轻服务、不依赖于人的商业模式。采取 AI 类型授课的教育机构永远消灭不了，也很难与其竞争，因为这类型的成本结构都优于你的商业结构。它的独特性很可能做到赢家通吃，经过长足的竞争后只有一两家 AI 机构会出现在受众的视野，让用户都使用这个机构提供的 AI 课程。换个角度想，当一个面对面讲话会害羞的受众知道授课老师是 AI 时，既可以调侃互动，又能够打破一些真人互动的尴尬，价格适宜，肯定会受到多数人的欢迎，因此 AI 授课的教育方式是成立的。

——线上点播。这种授课方式，更多出现在影楼录制或是在教室里面完成，录制完毕，剪辑成课，面向大众市场发售。

——线上直播。这种授课方式，可以抑制盗版，让用户有参与感。一对多的线上直播是教育的一个大风口。还有线上双师教育，一个老师讲多个老师服务都是一些常见的模式。

选需求要看用户的每个需求点，根据需求去创造契合的产品。

比如，“怕上火喝王老吉”，产品的需求是不上火。比如，曾经有一款英语产品“李阳疯狂英语”，从当时的市场反应看是一款很成功的产品。因为它鲜明地抓住了客户的需求——不敢开口说英语。这款英语产品的理念是只要你站在人多、空旷的地方使劲念英语，不管说得对不对，英语就能学好。这理念不一定对，但这种逻辑的正确性已然不重要，抓住了需求就决定了这个产品是否具备存活的机会。

那么，对于花钱在外面给孩子报语文班的父母，其需求到底是什么？我们有以下总结：有的是希望孩子能表达得好一点，有的是希望孩子能多读一点书，有的是希望孩子可以开拓眼界，有的是希望孩子文学素养好一点，有的是希望孩子能够考试考得好、同步提高，有的是希望孩子在升学的时候冲刺考试考得好，分班考试考得好，有的是希望孩子作文写得好，有的是希望孩子阅读理解分高一点，有的是希望孩子对学语文有兴趣。

对于这些需求的选取和产品设置，行业里一个最常见的做法就是选择和孩子升学同步，比如提出“北京市小升初专家”的概念，通过提供在“北京市小升初语文”这一细分领域中短期的课程产品，吸引家长的选择。但是这样的产品生命周期非常短，往往是五、六年级的同学过来学习，帮助他升学，升学后产品就失去活力了。

还有一个常见的做法，那就是在作文方向开设并提供课程，孩子的作文写不出来或者写得不够好都可以来参加课程并且报班学习。语文写作这个产品最为困难的拐点就是它很容易造成高满意度、低忠诚度。常见的现象是因为孩子不会写作文所以选择在机构上课，但是机构的上课门槛很低的，无论是教学老师的联系还是对于客户来说，当孩子能够写出作文后就可以不报班了。其实客户往往有很高的满意度，但是因为不会再续费，所以这样的客户群体往往忠诚度也较低。另外，作文的进阶感很难设计。

所以，立思辰大语文团队的第一款产品，选择的既不是作文，也不是升学，更不是同步提高，而是兴趣和素养，希望通过为现在的孩子们打下深厚的文学积淀，培养素养进而得到提升。这样的选择必要性也是我从自身成长经历中萃取出来的经验，因为我小时候受到了文学的耳濡目染，系统学习了文学史，所以在学习语文上会比较轻松。虽然在学校里大家学语文很痛苦，但是对于我来说学到所有的东西都可以放到我的书架里，因为我的脑子里已经有这个书架了。

所有的商业模式、产品设计，都必须尊重需求，但如果需求是个伪需求，不管怎么做，只会背道而驰。

在创业之初，我们团队认为语文课怎么教，是教学团队决定的，不是客户需求决定的，团队可以设计、影响、规避客户的需求。但是经历了五年的成长后，我们团队转变了思路：作为一个对语文有感觉的团队，整个团队需要更敏锐地捕捉客户深层次的需求，比客户更了解他自己。

教育行业是一个很奇怪的行业，客户和用户不是一个人，和宠物生意比较像，买了狗粮不是自己吃。教育是初二下学期以前决策权主要掌握在这个家庭中妈妈角色的手里，初二以后主动权在学生手里，学生越小妈妈的投票权就越大，爸爸几乎没有投票权。因此，立思辰大语文的客户群体基本都是 34 岁到

44 岁之间的女性，她们大多住在城市，且家庭年收入一般较高，她们重视孩子的学习。再为每位女性客户贴上契合标签，比如“龙妈、虎妈和羊妈”等，通过细致的研究才能知道目标客户是谁，我们为谁服务。

扪心自问，用户和客户的需求谁更重要？用户和客户的需求一致吗？当用户和客户的意见出现不一致的时候，产品设计该听谁？线下上课的时候，有些客户的要求是陪听，想看到孩子学习的热情，第一时间得到一手反馈。每个需求都必须注意到，做最适合的产品。经过比较，客户比用户的优先级更高，同时两者的需求必须满足，如果要排序，先选择客户，再选择用户。

我们发现妈妈其实都希望自己的孩子能够开开心心地成为一个有文化的人，能够成为一个有底蕴的人。所以立思辰大语文提出的理念就是“爱上语文、做有修养的人”。

结合场景、客户、需求后，需要决定产品的提供。需要警惕的是，不做这样的逻辑闭环和研究分析，直接拍脑袋决定创业方向和产品制定，是行不通的。教育产品要有一套完整的教学结构去匹配，针对立思辰大语文的定位，我们设置为文学史的结构——每一节课只讲一位文人，比如这节课讲李白，课本上会有全彩的四格漫画，还有详尽的个人生平和时间轴，让孩子爱上语文。

然后，用什么样风格的教学方法去演绎产品？立思辰决定得挑选表现力强的人来当老师。既然选择用这样的教法来演绎产品，就得招相应的教师去使用这种教法，每个环节必须耦合好，不然末端的宣传再怎么优秀也会无效。

这样的教学团队怎么组建？立思辰在授课时采用了一些巧妙的课程设计，采取师徒制授课，借助语文学科的特点，让老师把一门课程分科、分板块、分类别，老师之间可以搭配上课，让师傅带徒弟，让名师的影响力变大，授课的效果也相当于把影响力扩大了一倍。

教育的梦想

2008 年时大语文刚开始发芽，创业伙伴聚集到我的身边开始做大语文教育，2010 年间团队搭建完毕，2013 年团队编撰的第一版大语文教材正式出版，2015 年大语文开始线上布局，发布线上“诸葛学堂”，2016 年大语文团队开始独立创业，随后加入立思辰。2017 年大语文飞速发展，团队搭乘着这股大势之风从占据 5 个城市扩张到 2019 年初的 24 个城市，迅速扩张到 32 个城市，2019 年底有可能完成 30 个省份的布局，是目前市面上能实现班课连锁复制能力的少数机构之一。

我有五个梦想：有趣的课程、有效的体系、扩展到全国、延伸到校内、走向世界。经过十余年的发展，我和立思辰大语文已经逐渐实现了这五个梦想。

这五个梦想也是维系和发展团队的重要力量。立思辰的名师流失率迄今为止是零。我们就是要立志把教育产业化、商业化，为了以后能获取更多的资本，养活足够优秀的老师，推动教育产业的进步。

立思辰现在走向世界，更加深刻地意识到我们的使命。

一个国家的文化对民族影响是非常深远的，每个民族都有每个民族文化的根。以美国为例，美国文化的根在西部，东部虽然是最早的殖民地，但是美国对自由的追求和一些崇尚武力追寻正义的风格，都是在西部出现。日本文化的根是传统美、古典美以及典雅美。20 世纪全世界的文化都开始寻根之旅，中国也开始寻根，贾平凹、陈忠实、莫言、路遥等“乡土寻根四大家”都呼吁在我们的浩瀚文史之中寻找中国的文化之根。因为接触的教育观念是“学好数理化，走遍天下都不怕”的理念，大家把这些文化的根基都丢掉了，没有文化的力量就会使自己的处境很尴尬。就像温哥华的华人小孩，没有自己的定位和信仰，即使母语为英语，但还是无法真正实现跨文化的深度沟通。加拿大是多元文化保护的国家，有多元文化保护法，华人群体虽大但是他们缺乏这样的文化保护意识。

我和我的团队所做的大语文教育，不光是一个商业产品，还承载着更深的意义和梦想，当有一天终于能把优秀中华文化复兴，让国内的孩子全都有文化的积淀，能够把一些好的东西积累下来，能够让中国文化恢复到一个大国的模样，让海外对中国文字、文学、文史、文化感兴趣的人了解我们。在海外，孔子学院是教汉语，而立思辰大语文是教我们的文化和文学。

优秀的文化产品可以影响一代又一代人。中国最荣耀的每个历史时期，包括现在在内，都需要有人把文化的内涵提炼出来和传播出去。我是一个语文老师，我们就在做着教育的事情。

对话窦昕

张泉灵：作为语文赛跑上处于领先位置的企业，从您的视角看市场机会是什么？您觉得呈现给受众的产品一定要有什么特点？

窦昕：语文学科有一个特点，语文的训练体系和测评体系是背离的，学校的考试会让你发现，掌握的知识与课文没有关系，从功利的角度看，每个人都希望花较少的时间在语文学科上，还可以提高自己的分数。而且，家长对学科抱有一个认识，认为自己在语文辅导方面能教育孩子，但随着教育改革的变化，我想家长需要产生新的认识，要让孩子从小就具备非常好的人文素养，学科的提升就变成一个自然而然的事情。同时需要找到家长的真需求，就像打火机要点烟，需求太浅显，还要满足家长的深层次需求，让孩子成为一个精神贵族，让孩子爱上人文学科，让孩子有一个良好的人文素养。这些一系列的理念是我打造立思辰大语文产品的初心，跟提分没有关系，但是在教育过程中也可以提分，一举多得。

张泉灵：您的定义是要先抓住对大语文素养培训有想法和认同的家长。但在更多的市场上，家长愿意在培训机构花钱组织孩子学习，大多数家长希望能够切实地解决自己孩子成绩不好的问题，对于这种市场反馈怎么看待？

窦昕：第一，教育是区域经济，就近原则。第二，教育是头部经济，好案例在哪里，好口碑就在哪里。人大附中一个学校的影响力可以超过很多高中，清华北大也能超过大多数的大学。我认为，现在市面上大多数教育培训机构都希望先吸引住一部分头部学生和家长，再向下发展到其他城市。立思辰大语文运用的是先抓住“头部案例”之后再下沉的覆盖思路。

张泉灵：大家会发现，现在市场上比较著名的培训机构，基本运用的都是这个思路，先抓头部，然后形成品牌效应。教育的本质是需要品牌保证的，因为对于家长来说试错成本非常高，所以家长情愿既然能够拥有最好的那就提供给孩子最好的教育资源，能不能长期参与这样的高等级课堂是另一码事，进班学习了再说其他的。从这个意义来说，今天一些互联网教育公司确实是另外一套打法，我先用一些东西圈住用户，用户一开始也没有打算到我这提分，但是他至少表现出对整个语文学科有强烈的兴趣，代表了家长这方面的诉求。这些公司通过讲故事的方法也可以联系到一定的家长，不论出于什么目的，先把潜在客户聚集到我这里来，甚至超过一些机构十几年积累的客户群，然后我再做连接的工作，再把好的老师连接过来，把我们这家公司变成一个学校。所以您的眼睛会往这些地方看吗？

窦昕：立思辰大语文有自己的线上网校“诸葛学堂”，实现了优质教师资源下沉到三四线城市。我认为，在基础教育阶段，面授大于任何形式的教授形式，立思辰在线下碰到了很多对提升孩子文学素养有意识的家长，他们很认同立思辰大语文通过“兴趣 + 素养”的方式去教授大语文。而且语文教学与别的学科不同，学生与教师的面对面互动交流会让教学效果更好。教育行业是长跑，不是短跑，当互联网企业解决完客户的问题时，还是要面临跟立思辰一样需要解决的问题：如何迭代产品、让产品的效果显现、让口碑更好，这些问题教育产业需要长期关注。互联网公司“跨界打劫”的方式和我们不一样，他们从口碑出发，逐渐做产品内核，再一圈一圈往外扩散，“跨界打劫”的方式和“传统”做法相比，我更倾向“传统”做法。教育是决策周期长、消费金额非常大、服务过程不可逆的产品，试错成本非常高，教育产业里最头部的几个教育培训机构，都拥有着强大的线下实体店，门店口碑只有树立在那里，才会让用户和客户感到信任，所以我更看好“传统”的方式。

提问者：立思辰如何把大语文教育理念传递给目标消费者？

窦昕：我们得深度地了解我们的客户是谁，我们的客户是家庭中做教育决策的妈妈。比如在文创方面，我们做得非常成功的一款产品叫“每日窦摘”，那款摘抄本的样子调性仿佛就是现在那些妈妈们在学生时代的歌词本，这款产品卖得特别火爆，一个本子推出多少本都卖光，因为我们找到了谁是客户，这是我想分享的第一个例子。第二个，在教师宣传上，我们也有和别人不一样的调性，我们的教师团队学历各方面都不错，别的企业一般都会介绍毕业院校、教学经验，教哪块教得好，我们的包装却另辟蹊径。比如说陈思，大家都知道他学历高、名门之后，但我们宣传时不强调他是哈佛博士，而是“鼓浪屿日光幼儿园连续三届普通话冠军”。这是真事，我们的介绍包装都是真实的，他是厦门人，小时候确实是鼓浪屿日光幼儿园连续三届普通话冠军，因为幼儿园学龄只有三年，要不然他还可以蝉联，利用这些方式在家长群体中传播度很高。

提问者：从传播知识内容的角度来讲，您觉得国内目前在线教育体系以及知识付费相关产业最需要从国外比较成熟的平台例如 TED、各种类型的大学公开课平台学习哪些优势？根据中国的教育国情以及观念进行哪些调整？

窦昕：TED 模式非常好，特别值得我们借鉴。立思辰在国内也可以做一些尝试，但是因为自己的眼界所限，我们做基础教育，跟 TED 模式相比，移植这类型的模式相对来说比较困难，我们曾经思考过移植的可能性。单论教育的赛道，东亚其实是全世界最强的，比欧美强得多，中国确实可以借鉴海外经验，但是我们的眼光一直都放在日本等国家，因为在教育竞争最激烈的地方，经过残酷的厮杀之后，留下来的教育产品生命力会更强。在科技方面学习欧美发达国家的一些做法，这没有问题。以剑桥举例，它是以知识产权授权方式进行运营，比如雅思考试等，把标准输出给需要的人，组织考试，商业回报率特别大，体系保持非常完整，这是一种先进的做法。从汉语的角度观察，我们会考虑向其学习。真正有难度的是国人对知识产权没有足够的尊重，欧美地区的消费者已经习惯了知识付费这个现象，花钱买资料学习，购买相应的知识音频和视频，虽然国人的版权意识逐渐提高，但远远不够。“诸葛学堂”昆明用户只有八十个人，但开发布会时，来了小一千人，每个人都称使用过产品。版权意识的提高很难，需要一个知识付费和知识产权方面的发展过程。

提问者：未来教育行业的发展趋势有哪些？

窦昕：未来教育行业的发展趋势，可以分三块来探讨，第一是学段，第二是学科，第三是竞争格局。

学段，日本等国的起步都比中国早一些，因为日本已经干了六十年，中国刚开始干二十年，在形成产业化的二三十年里，我们经历了最初的小学竞争火热，“不要输在起跑线上”的观念是过去普遍认同的观念；随着小升初的取消，小学的竞争压力烟消云散，小学阶段的市场力变得弱化，集中精力做小学市场的教育产品都被淘汰，这一幕在中国大陆即将发生，在北京已经出现这个苗头。随着小学的竞争压力没有释放，压力便会堆积到中考，中考竞争压力变得很大，关键信号是重点中学的初中部开始出现下午放学、不上晚自习的现象，这标志着初中的课余竞争正式展开。初中不再是学费方面的竞争，而是时间上的竞争，初中学科的本质是竞争时间，谁能抢到学生更多的时间谁就是赢家。5 ~ 8 年后的北京，高中课时也会逐渐释放，集中在下午三点、四点放学，所有的竞争压力都将堆积到高考，在那个时候高中将会成为最火热的市场。

学科，因为出国留学热造就了英语热，还有小升初，“学好数理化，走遍天下都不怕”的理念，造就了奥数和理科竞赛。将来的人文和语文受欢迎程度会更高，从 2018 年开始至少还要九年的时间，九年的时间发展会非常快。

竞争格局，从刚开始的点状分散市场，逐渐会形成同质市场，全国大多数的教育机构在过去都是提分刷题的模式，随着大型连锁教育机构深入到二线、三线和更下线的城市，采用了“双师模式”和“在线教育”的方式深耕，大型连锁教育机构在全国会形成知名品牌，在各地建有自己的护城河和堡垒，占到足够的教育市场份额。有特色小而美的教育机构也因此存活，头部教育机构很难涉足到小的教育机构领域，未来十年会往这种趋势演变。

2019 年 6 月 4 日

窦昕，人称“窦神”，立思辰大语文创始人、立思辰总裁。窦昕出生在甘肃天水的文史世家，毕业于北京师范大学文学院，2008 年开始创立大语文课程体系，从事文学素养培训十余年。著有《文学必修课》《北京小升初一本通》《乐死人的文学史系列》《有意思的大语文系列》等，被评为“北京市海淀区优秀教育工作者”“新浪教育五星金牌教师”。

张泉灵，紫牛基金创始合伙人，少年得到董事长。原央视著名记者、主持人，曾主持《东方时空》《焦点访谈》等栏目，获得金话筒奖、金鹰奖和中国新闻界最高奖项“范长江奖”，第 19 届中国十大杰出青年。后致力于早期天使投资与孵化。

想象力驱动设计与创业

贾　伟

LKK 洛可可设计董事长、洛客 LKKER 共享设计平台创始人

想象力是世界的灵魂

时至 2018 年，我创业已有 14 个年头。很多公司创业几年就荡然无存，或仍处在创业比较艰辛的阶段。回看我这 14 年，并没有多么艰辛，我在思考是什么让自己有一个美好的创业历程，越创业越有激情？是想象力。如果一个创业者用想象力创业，并不会那么艰辛。如果创业者用资源、关系、资金等创业，实际上比用想象力创业难得多。我的创业是在为这个世界创造美好的东西，每天用灵感去创造一些全新的东西。创业者用想象力创业，本身就可以带给别人美好。

因为想象力是人类细胞的无规则运动，属于人类的最高思维。爱因斯坦有一句话，想象力比知识更重要。300 年的工业时代都是知识时代，有知识就能在工业时代获取知识的价值。如今 AI 人工智能的发展，会带给我们各种知识，会把上下五千年的知识存在我们的脑海里。当人工智能机器人替代了体力劳动者，紧接着替代知识阶层，包括老师。

什么人会在智能时代的末期产生力量，是想象力工作者。他们可以是设计师、艺术家、企业家等一些用想象力工作的人，伴随机器人一起工作。实际上到想象力时代，工人和知识工作者可能都会慢慢变成想象力工作者。所以未来将是一个想象力经济时代，我写了一句话，“想象力是世界的灵魂”。这个世界先是想出来，然后再干出来的。

想象力之“设计共享”

14 年前，我从联想出来租了一个办公位开始创业。创业开始后，我想象

了一下，眼前有了一个景象，我要做一家全球最大的设计公司。当时全国最大的设计公司也不超过100人，全球最大的设计公司也就三五百人。

洛可可奋斗了十年，在北京、深圳、上海、成都、杭州、苏州、宁波、厦门、南京、英国伦敦等城市开了公司，转眼十年间公司变成了1000人。

当公司达到1000人的时候，进入了“瓶颈”阶段。我思考其中原因。我发现全球的设计公司已经发展到了10个设计师都算多的阶段。我问陈春花教授，设计行业怎么规模化？她说设计行业应该要影响力。再问咨询公司，咨询公司说养1000个人相当于养1000个孙悟空，付出的成本太多，负担太重。

在这个时代，优步、爱彼迎等公司的出现，让我突然发现共享经济。曾经，优步不需要养一个司机，就成为全球最大的出行公司。爱彼迎不用出一套房子，就成为全球最大的民宿平台。这些公司起到了连接的作用。于是在第十个年头，我与公司高管商量，洛可可要换一个玩法，做一个十年战略。在未来的十年，用1000人，去连接更多的人，定了一个1000万设计师计划。与我一起创业十年的合伙人，对人数发出疑问，我去行业协会查询人数，中国有差不多1600万～1800万设计师。所以我们定了1000万的目标，从1000人到1000万人。我给设计师计划取名洛客，我觉得未来并不是由设计师来改变世界，未来是由更多的用户来改变世界，人人都是设计师，未来是用户的天下，所以洛客还要连接5000万喜欢创造的用户。

设计师和用户都有了，还差生产者，洛客还要连接100万的生产者，于是，洛客提出一个概念叫CBD模式，C是用户，B是企业供应链，D是设计师。这三个东西都聚集了，才是真正的社会化创新。我给自己定了一个新目标，洛客要做一个全球最大的社会化产品创新平台，把社会化的用户、设计师、生产者聚集在一起，改变人们的生活方式、工作方式。

每日坚果的概念在于把果仁果干混合搭配而成，放在一个袋里。但是一个袋里不容易，因为葡萄干潮湿，散发的湿会让花生发霉，其实放在一起要有技术解决方案。

我用了每日坚果的概念在做CBD模式的全新创业逻辑。让用户、设计师、供应商前置，把三个群体放在一个平台上共同做设计，世界有两种改变是大的改变：一种是改变生活方式，苹果、滴滴改变了人们的生活方式，以前看电视，现在看手机。另一种是改变工作方式，福特汽车创造了流水线，洛可可今天在改变工作方式，改变用户参与、生产者前置，邀请设计师和用户、生产者一起进入，CBD模式要用互联网沟通技术，建立数据平台，用AI智能完成。

14 年前公司愿景是做一家代表中国的世界顶级设计公司，今天愿景变成了构建一个社会化产品创新平台，概念是连接。14 年前定的使命是挺起中国设计脊梁，今天定的使命是设计美好世界。创业要有一个至少十年甚至更长的使命愿景，同时要有一个价值观，实际上创业是一个个人梦想与社会价值并行的举动。如果创业者只有个人梦想，没有价值，实际上没有更多人帮助，也不会把更多人吸引进来。

所有的东西背后都不是简单的逻辑构成，都需要有一个完整的体系，使命、愿景、价值观等，如果不构建，公司的每一个人不会为一个共同的目标去努力。

2016 年我开始自己做洛客，实际上我失败了两年。第一次失败是线下模式和线上模式的并行，脑子转不过来。第二次失败是发现熟悉互联网的小鲜肉并不一定懂设计行业。

在整个工业时代最难做、最封闭的是汽车行业。要做社会化创新，就要让全球更多设计师、用户参与。洛客和北汽集团合作，转换生产模式，把 10 万 ~15 万的用户，几百个设计师、供应商请进来，大家一起开门造车。于是，我们做了第一个试点项目，LITE。

2018 年初的时候真正发布，历时一年多。这款车是全球第一款真正的用户参与式、众创式的造车新方案。我们有 330 个设计师，280 个有效 Idea 一起众创，线上、线下共同参与，通过大量的用户提案来打造了这款车。

中国 70% 的新能源电动车的设计，洛客参与其中。真正的设计是用户参与式设计，是由用户的行为数据、用户的心理数据、用户的购买数据等逻辑而成，用户才是未来的真正构建者。

相信再有几年，大量的用户会提出需求。一个男士想给自己的女朋友买一个订婚戒指，可以在平台上发起戒指需求，当定制化制作出现、3D 打印更好时，很快会有一个设计师和生产者为这位男士生产出一个他喜欢的戒指。

这是洛客平台的最终诉求，真正成为一个创造者平台。

互联网有三个阶段：第一个阶段是在互联网上搜集信息。第二个阶段是在互联网上买卖商品，出现了阿里巴巴、亚马逊等电商网站。但是消费者不止满足于只是买卖商品，下一步一定会在互联网上创造东西，能不能在互联网上定制一个自己喜欢的鞋、衣服、眼镜、牛仔裤，甚至车？现在已经出现很多定制化商品的需求。这就是互联网发展的第三个阶段——个性化设计、定制化制造的时代，弥漫着用户参与式设计的气味。当用户真正地进入到创造者阶段，未来需要一个创造者平台来连接。

众创，一定要找一个用户数量比较多的企业做，比如喜马拉雅。喜马拉雅有3亿双耳朵。洛客跟喜马拉雅共同做了一个声音实验室，在喜马拉雅里面覆盖了37.5万用户，2.5万用户直接参与了众创，也是全世界最大的一次用户众创，让用户说自己想在哪听故事、听音乐，表达自己的想法，因为有用户参与，用户会精准地告诉他需要什么。再拉动线上线下设计师一起参与，做出了跟喜马拉雅结合的第一台产品——“小雅”。用户参与了产品定义、产品创意，希望未来用户能参与产品测试，最后参与产品营销。未来买的商品，一定会是用户曾经参与过的产品。

洛客以用户为核心，做用户的场景体验、视觉体验等体验，让各个类型的创业者在里面做出自己的产品。4年前认识了一位60岁的创业者，有做收音机的需求，我们做了猫王全球设计合伙人计划，只要有想法就可以成为他的设计合伙人，有4万多个设计师参与，可以是刚毕业的大学生，可以是摩托车手，可以是任何身份。按照自己喜欢的风格做。这个计划进行得很好，我自己也成为这个计划的合伙人。经过了3年，猫王计划里的一台单品收音机从800台能卖到10万台，这是设计、想象、社会化力量集聚的结果。猫王全球设计合伙人计划需要的是真正能够运用社会化的资源，把全球最好的、最喜欢音乐文化的设计师和用户带动起来。

希望人人都是设计师，让更多的人参与设计。社会化创新让社会的每一个人参与创造。未来大企业可以用社会化的逻辑，构建社会化的资源，这是互联网带给我们的一个全新的可能性。

想象力之“设计有智”

今天的想象力和智能连接在一起。因为在工业时代，需要的是工程师。而在如今的后工业时代，需要的是以智能为概念的产品。未来的产品只有两种，一种叫功能型产品，另一种叫智能型产品。

洛客平台2019年计划创造10000款产品，努力成为将来全球最大的创造平台，而智能产品也是占到其中的30%～40%。设计思维里面很重要的是看看未来产品将改变什么？

如今，AR眼镜可以运用在工业领域、测试领域、生产领域，它的作用让我们真正地拥有数据。同时，应用非常广泛，应用在所有全新的生产环节。戴着 AR 眼镜能够看到所有产品的数据。

在洛客平台上创造了很多智能产品。高空幕墙清洗机器人，用来代替“蜘蛛人”。做的很多产品，都起到代替劳动工作者、知识工作者的作用，自动洗狗机，大狗不太爱洗澡，自动洗狗机会让狗愿意洗澡，因为它有按摩作用。自动烤肉串机能代替烤肉串行业。自动冰激凌机随时解决想吃冰激凌的冲动。智能产品出来后，人可能会像当年的农民突然带着割麦子的镰刀进了工厂成为工人。当年的工人放下了打铁的锤子、扳子，进入了互联网成为一个程序员。AI 机器人赋予了知识工作者、劳动工作者变成想象力工作者的可能性。

想象力之“设计有种”

中国女生喜欢烘焙，烘焙能做出美学概念。但好多女生做好后不吃，会包装一个精美盒子送给朋友，在朋友圈展示自己做的烘焙。烘焙也能分享，分享一种生活方式、一种美学。

于是，出现烤箱新物种。烤箱自己能够产生新内容，一个大胆的设想出现，在烤箱里面装一个摄像头，可以分享整个烘焙过程。新烤箱产生了分享概念，延时摄影整个烘焙过程，分享到手机上。烤箱变成一个美食直播间，由此衍生出烤箱 App、烘焙生态圈、出现烘焙达人等。这是内容创业的一种。把传统产品和新的技术手段进行了一个结合。这些内容由更多的用户产生，用户产生内容，借助用户来发动，这是新物种。未来，生活中的产品都能产生新的连接和内容。

从互联网到移动互联网，再到万物互联，万物互联是万物有声、万物有眼、万物有灵。未来的万物互联时代，每一个产品都是入口，每一个产品都能产生内容，每一个产品都是一个去中心化的分享平台。

今天的内容创业，可以跟硬件连接。产品的逻辑，可以分为载体层、设计层、体验层、策划层和未来层。

想象力之“设计有痛”

洛可可 55 度降温杯来源于我的 1 岁半不到的女儿被烫的故事，因为不小心碰倒盛满开水的茶杯而被烫伤，成为我心中的“痛点”。这个“痛点”占据了当年 50 亿的市场份额。100 度的水倒进去，摇一摇，变成 55 度。它是由想象力和痛点产生的新品类，之前只有喝水杯和保温杯两种，洛可可做了一个结合的降温杯，也思考到了中国人喜欢喝热茶、热汤、热水的特点，降温后，可以喝到适合的温度。

未来可以产生巨大社会价值的公司一定是有想象力的公司。有没有可能用户在洛客平台聚集到一定程度的时候，用户会直接在洛客平台购买，洛客将变成一个社会化创造性电商平台。原来的电商叫货架式电商，在互联网上做一个货架陈列商品。而未来的电商平台一定是用户在里面创造，并且用户购买自己产品的创造性电商，这非常有可能，社会化产品创新平台将会产生社会化购买。

因为55度降温杯，也配套做了一套完整的营造爆款的流程，叫懂用户、挖痛点、讲故事、爆产品、轻制造、重服务、强体验、自营销、爱互动、圈粉丝。

想象力如果没有诗和远方，想象力会很艰难。我能在设计行业几十年还保持有激情，因为还参与了一些喜欢的设计。23个合伙人，每一个合伙人有一个方向。有的合伙人喜欢医疗、家电、机器人等，我喜欢文创类的产品，也主要做这个。

我曾给北京的老舍茶馆老板做一款盖碗设计。当我开始做这款盖碗的时候，我发现盖碗是和合文学，天地人和。我想在盖碗里找到一种美学，我想在盖碗里找到一种哲学。

春有百花，秋有月，夏有凉风，冬有雪，若无闲事挂心头，便是人间好时节。中国人为什么喜欢雾里看花？因为雾里的花有朦胧之美，像盖头里的新娘一样，我们期待它绽放。中国人更喜欢窗内看窗外之花，窗中花，画如境，自在如心。我找到了东方的窗花，想用窗花来表达内心的百花，我把窗花提炼到了盖碗之上，从窗花中看百花。

当我用盖碗的时候发现，我特别喜欢闻盖的香，我想表达雾里看花的状态，我把花设计到了盖顶。瓷一旦烧成便是永恒的，大化如流，逝者如斯，我想用一道光阴来让这朵花在内心绽放。一道光，花绽放，春有百花，秋有月，如果表达秋天的那一弯冷月？中国人为什么喜欢水中望月？因为水里的月有轮回之美，或月缺，或月圆，表达生命的轮回。生命是不完美的，因为生命的不完美而变得如此有序和无常。我把天上的月藏在了碗底，泡了这碗茶，我们看到了这碗茶，我们看到了自己的脸，更重要的是观自在，看到了内心的自在世界。

春有百花，秋有月，如何表达夏天的凉风？洛可可公司门口有两棵大柳树，凉风袭来柳枝荡漾着，寻找着生命的定准，它摇曳东西。我把凉风设计到了盖碗之上，使花看上去好清爽。柳枝在哪里？观自在，柳枝在每个人的心中荡漾起来。春有百花，秋有月，夏有凉风，冬有雪。我是一个北方人，特别喜欢到了北方冬天下雪的时候天地金银般闪烁，大地洁白。

我想记录我生命的轨迹，想记录那段爱的回忆，春生，夏长，秋收，冬藏，生命因四季的轮替而变得如此美轮美奂。什么是意境之美？形感意，意感境，境感人，神感性，形体是为意境做准备的，意境是为神韵做准备的，神韵是为了回到生命的本性，中国美学是生命之美，空谷幽兰之美。什么是设计师？设计师是借助器物之美，在点线面中修行的人。想象力设计美好世界。

我希望我能够用十年甚至更长的时间，去构建很多有想象力的用户，有想象力的设计师，有想象力的生产者，一起设计这个美好世界。

对话贾伟

赵音奇：很多人诟病中国的教育在遏制想象力，想象力靠什么来驱动？怎么才能保证源源不断的想象力产生？

贾伟：想象力有天生的，有些人天生就有巨大的好奇心、创造力，后天也很重要，我小时候内向，在家里面天天琢磨，给了我巨大的想象力空间。很小就喜欢写诗、画画。想象力的核心是让自己的内心变得柔软，如果内心不柔软、刚性，其实很难有想象力。想象力要像孩子一样，对这个世界充满兴趣和好奇，我的一位老师84岁，看到一朵花还会站在那里欣赏。我觉得想象力是从另一个层面对世界的一种好奇心。

赵音奇：洛可可从您一个人做到1000个设计师，怎么管理大家的想象力？怎么样去控制1000个孙悟空？

贾伟：洛可可经历了几个阶段。第一阶段，我一个人平行管30个人，这个阶段是我14年创业里面最累的阶段，每天回到家嗓子就哑了，瘫坐在沙发上，到晚上11点说不出话来。我既要面对客户，又要面对30个设计师，相当于雇了30个助理，每天要跟设计师讲各种事情，培养他们。有一天看到报纸上说作坊的定义，我浏览了一下，洛可可就是个作坊。洛可可做了一个“1+6”模式，1个匠人带6个人，1个细胞核加6个细胞壁。“1+6”的模式复制了200多个，在公司有200多个小细胞。

发展之后，发现200个细胞核很难管，产出了现在洛可可的模式，用社会化的模式和互联网的技术去管理设计师，想象力不能被框在一个空间里，曾经在公司、工厂、办公桌上班，原因是知识时代，知识要在一个空间里实现，而想象力可以跨时间、空间、伦理、性别。

赵音奇：在洛客的CBD模式结构当中，您认为最重要的关键点是谁？

贾伟：用户，因为洛客认为未来的用户是真正有想象力的驱动者，未来的用户是真正有创造力的实现者，所以我们更关注用户。洛客平台把用户叫做创造者。洛客在探索养成一些用户成为洛客平台的创造者。

赵音奇：假如我现在需要设计一款产品，比如说助眠的一款产品，我在洛客平台上如何去找到对应的设计师？

贾伟：洛客在发展一个项目时，会招募睡眠不好的用户和设计师，还有对睡眠产品感兴趣的甚至有过生产助眠产品经验的制造者，假如有 500 个用户报名，他们开始提出自己的诉求、需要熏香还是助眠物等。设计师开始根据用户的想法帮助用户构建助眠产品的逻辑，供应商身处其中看成本。第三方在项目里扮演多元沟通的角色，驱动者的两方是客户和平台，洛客平台是一个专业把构想制造出来的平台，用 14 年的专业水准让产品保证品质和质量，同时吸纳第三方的智慧。准确说洛客平台是一个物联网，它是一个基于产业互联网的平台逻辑。

赵音奇：您认为达到 1000 万设计师还需要多长时间？

贾伟：2019 年定的目标很高，要连接 10 万设计师，100 多万用户，6000 个供应链生产者。洛客平台会一直这样做，会出现一个绝对拐点。洛客平台是全球的设计师平台、全球的用户平台。2018 年在美国纽约建立了公司，希望把美国的设计师、生产者带进来。不缺用户，洛客缺的是真正的传统逻辑，因为产品太丰富了。2019 年洛客平台目标是出 1 万个产品。

赵音奇：在产品到来之前，被头部公司看到了会坐视不管吗？

贾伟：我觉得这个平台头部互联网公司不太好做，这个平台需要保证质量，也不是一个一时半会儿就能构建的平台，其实它是一个产业互联网平台。今天头部互联网公司做的主要还是消费者互联网，就是把消费者和商品的需求、信息的需求、服务的需求连接，产业的互联网其实是要纵向地抓产业深度，是要对产业很清晰。所以产业互联网更像熬了一锅汤，越熬越浓，消费互联网像炒菜，要把菜炒熟。我是带着情怀做的，我是带着去创造美好世界、设计美好世界做的，所以我觉得我并不着急。像消费互联网的公司，都是资本的力量很快做起来，我们不是这样的。

提问者：洛可可变成了洛客，洛客的体量包括它设计项目的数量、管理人数是成倍的增长，在这种情况下如何去贯彻洛可可以前坚持的设计质量？去体现公司的理念、风格？

贾伟：控制 30 个人能够把品质做得很好，控制 300 个人也能保证获得全球那么多奖项，控制 1000 个人能让他们都是为设计梦想而来。当有 4 万、10

万、100 万的设计师时，怎么让设计的产品品质更高？

洛客现在把设计师数据化，能够靠几百个标签来定义设计师，当有一个无人机项目出现的时候，洛客能够瞬间在 4 万个设计师里面找到最适合设计无人机的设计师，他们一定是 4 万个人里面最好的两三个设计师，标签化这几个设计师，精细到设计的是民用飞机还是军用飞机。把设计师数据化、标签化，在线化后一个项目有 1200 个标签，可以知道每一个项目在哪个过程中会出问题。

今天的互联网最大的特征是数据化、智能化和在线化，这三大特征让设计可视化，互联网上平台一定是标签化，把设计师的历史数据、客户考评率、产品售卖率等标签化，这是第一个逻辑。一个北京的无人机，有可能找到德国的飞机设计师，让他来设计无人机。这是保证设计的品质。

第二个逻辑，品质和质量怎么评判？仁者见仁，智者见智，一般的评判是由需求者评判。洛客打破这个逻辑，由用户评判。用户评判好坏，我们的品牌理念是今天创造好产品，定了三个逻辑，（1）外观好看，（2）产品实用，（3）销量高。用户参与才能让设计出来的产品卖得好，用户喜欢的是有品质的设计。每个项目都有大量的用户参与，用户会指导其中细节，这三大逻辑有可能比线下逻辑要好。

提问者：3000 种新产品的发起人都是谁？

贾伟：用户发起还比较少，发起人在创客至少 30%，品牌企业占到了 50%，传统制造业要做自己的品牌，或者给国外做定牌设计，占到了 10% ~ 20%，用户作为发起方，洛客还没有特别主张。在英国伦敦开公司的时候，都是用户发出需求。记得有一位英国的大妈，想发明一个洗碗手套，在北欧、美国个人发明者特别多，因为发达国家的社会已经有了很高的保障，人们不是为生计而做，而是为爱好而做。为实现自己的某些想法，改变一下社会。我觉得中国以后也会越来越多。

提问者：目前公司设计的知识产权保护有哪些类型？而在知识产权保护有哪些问题和经验可以分享？

贾伟：第一，我觉得在中国，知识产权的维权是一个问题，知识产权是任何国家都要经历的事情，像孩子在学语言，老学大人说话，当孩子有独立思维、独立意识后就不会去学。现在中国的消费者慢慢开始有品牌意识，知识产权的第一个保护者应该是消费者，而不是法院，我认为消费者更有想象力的时候，他不会为那些粗制滥造的没有想象力的产品买单。

第二，法律制度的健全，使得违法的成本变得越来越高。

第三，企业造假。企业在之前没有创新能力和创新意识，社会化创新使得创新能力提高后，企业就不会造假。

第四，设计师。设计师天性要有创新意识，设计师如果造假，做违反知识产权的产品，事业都会没有。我认为未来，中国的山寨货已经开始走下坡路。

2018 年 12 月 25 日

贾伟，中国著名设计师。作品曾多次获得红点设计大奖、IF 奖、IDEA 奖等国际奖项。2004 年创办洛可可设计，而后十年发展为全球规模最大的整合设计集团。2016 年再度创业，打造“用户参与式设计”的洛客共享设计平台。

天使投资看创业

张　野

青山资本创始合伙人

天使投资是一门相信的生意

大多数天使投资人都有一个原则：不信任的人不会投，投了之后就绝不会怀疑。前段时间我们有一个投资项目发展得不太好，有人说有这个创业公司CEO挪用公司资金的证据，并出示了证据，说可以起诉他。尽管证据确实挺说明问题，但我宁愿相信这个CEO挪用资金是迫不得已的，有可能用这部分资金做的是振兴公司的事情。我们认为没有一个CEO想故意把公司做差，因为任何一个创业公司对CEO的意义都远远大于对投资人。后来这个公司业务好转，起诉的事情也就不了了之。所以说天使投资是一门相信的生意，赚的是相信的钱，使用的是相信的力量。

很多人不明白天使投资（Angel Investment）、VC（Venture Capital）、PE（Private Equity）的区别，简单地从阶段上来区分，三者是不同阶段的投资行为：

天使投资主要投资早期的创业公司，当一个项目还只是想法时，天使投资的介入，可以把这个想法变成一个可观测的、可测量的产品；VC是投资中期高速发展型的创业公司，当创业公司的产品可被观测后，通过观测，判断产品或者业务有多大的发展空间和市场容量，以及其商业模式是否有可复制性，从而选择是否持续加码投资这个公司，帮助公司迅速做大；PE介入即将上市或被兼并收购的成熟企业，当创业公司已经达到一定规模，PE就可以投资帮助公司完成最后一步——上市。

所以简单来说，天使投资是最早介入创业的，早到当创业项目和团队都可能只有一个天马行空的想法时可能就会介入。我曾开玩笑说，只有想不到，没有我们看不到的投资项目。上到造火箭、宇宙飞船的，下到做手套袜子，什么样的项目都有可能。青山资本每年至少要收到1.2万份商业计划书，面对面聊的创业者不下两三千个，众多创业公司中，每年也只有几十家公司会被青山资本投资，帮助他们把想法落地，实现梦想。

如果从文艺的角度区分天使、VC和PE，那么早期的天使投资是看到一个种子时会把它想象成一朵艳丽的花，而后期投资是看到花的时候会关注花有多少枯萎的叶子、凋零的花瓣。所以天使是赚“相信”钱的生意，创业初期很多公司对自己的业务只有初步构想，判断他们是否值得投资，就是在选择相信。而PE则是在怀疑中去规避风险，这是投资早期和晚期的区别。

天使投资非常早期，很多时候看到的创业者、创业项目是极其不靠谱的。记得有一个特别好玩的项目，有个创业者说他解决了人类晚上睡觉蹬被子这个几千年来的难题。一听也还不错，但看到他的图纸之后我都不知道说什么好：被子被掏了三个洞，人把手从下面两个洞伸出来，把头从上面的洞伸出来，这样就蹬不掉被子了。我们大部分的时间，大概率看到的项目确实是不太靠谱、不着边际的。

青山资本是一个专注在消费领域的天使投资机构。我们把消费定义成泛消费这样一个很大的概念。消费品、电商、文娱等一系列能够跟用户直接产生交易的，我们都定义是消费。青山资本选择消费领域也是因为“相信”，宏观上相信国力，相信我国人民的生活水平会越来越高，人们对消费的需求越来越高，消费市场是个增量，这样便是个投资机会。微观上相信代际所带来的机会，比如我们在上一个时代的社会消费主力，他们的购买决策、他们的购买方式都和我们不一样，消费观念也完全不同，这是消费代际的区别，代际在微观层面上创造了很多更替的需求，满足这些新的需求就是创业者或者投资人的机会。

怎样的项目能吸引天使投资？

什么样的创业项目或者创始人能够让天使投资人比较感兴趣呢？这其实是个很大的话题，可以暂且简单地归纳成这样三点：

第一，要有非常明确的目标。创业者要清楚自己要做什么，要知道未来的愿景是什么。创业初期资金、资源都比较少，拥有明确的目标和远大的愿景，才能吸引别人跟你一起努力。

第二，创业者要非常坚定、执着，相信自己做的事情。创业是一件九死一生的事情，过去五六年的时间，北京新注册的中小型公司，有150万个。但事实上，真的形成一定规模，或者说改变了人们生活的创业公司极其有限。所以创业的成功率非常非常低，执着的信念是唯一能够让创业者度过寒冬和战胜挫折的原动力，所以内心执着非常重要。如果20年前，腾讯真的用50万元人民币把QQ卖出去，就不会有今天中国如此强大的科技公司了。

第三，一定要有差异化。市场不需要两家一模一样的公司，哪怕想成为腾讯、阿里，都不能沿用腾讯和阿里的路径和定位，必须有差异化的定位。每个企业的成长路线都不一样，复制别人的成功路径并不会有自己的成功。有些时候可以“曲线救国”，找到适合自己的定位，通过定位做切入，切入某个领域，最终实现目标。

举个比较娱乐化的例子，过去一段时间我喜欢玩《王者荣耀》。当我想把这款游戏玩好，会先审视一下自己有什么条件、怎样能打好这款游戏。我反应速度慢，手速、操作速度也慢，我就根据自己的定位，寻找一个能玩好这款游戏的方式，玩比较容易操作的辅助和扛打的位置，选了张飞这个英雄角色，经过半年实操成为国服张飞（张飞第一人）。

所以无论创业还是任何一件事情，要选择一个适合自己的定位，最终才会实现好结果。

创业者如何更好地脱颖而出?

从实际操作层面看，光有美好的愿景、执着的信念、差异的定位还不够，想要成为一名在千万人中脱颖而出的创业者，可能还要做更多基础的准备。

第一，要有一个好的商业计划书。我看过170页的商业计划书，但事实上投资人不需要这么长的计划书，长篇的计划书太浪费时间，如果这个项目不好就白看了。创业者应该相信投资人能用很短的时间领会到其表达的要点。我建议商业计划书不要超过20页，最好在10页以内，说几点投资人最想听的东西，其他一概不要讲。投资人想听的主要有这几点：你要做什么？你打算怎么做？为什么这件事情有机会？为什么是你做？你要融多少钱？要实现什么效果？以上六点说清楚，最好每一点一页PPT，首页加上项目名字，末页道谢，一共8页的PPT就可以是一份很好的商业计划书。

第二，要有一份有亮点的个人履历。这并不是意味着要写一份简历，而是要把自己的履历和“你是谁”这件事情梳理出来，形成一套表达的材料。对年轻的创业者来说，只能尽量给投资人传递一个关于自我的充分的信息，才有可能让他更好做判别和决策。要告诉别人为什么认为自己是一个很优秀的人，可以通过你过去的所有的事情，其不限于在学校里做的事情、学习成绩，还可以是对创业这个事情的热衷、野心等，去表达、梳理一份完整的关于你自己有说服力的介绍。

我经常被问这样的问题：你是学音乐的，凭什么认为自己能做投资？那我就会从几方面进行阐述，一是我的音乐学得很好，二是通过学音乐，帮助了我世界观和价值观的建立。因为任何创作最终呈现出来的东西都是作者内心对外的投射，无论你是作曲家还是创业者。作者的世界观、价值观以及知识储备，会决定对外创作的作品，创业公司也是一种作品。因此我们应完整自身的知识结构，建立正确认识世界的方法。当知道这个世界上为什么有艺术存在、为什么有投资人存在，知道这些问题背后的逻辑，而这些逻辑成为底层的知识结构的时候，就会发现很多事情都是相通的。

第三，要对创业、对自己所做的事情有一个核心观点，要对自己做的事情有比较深度的认知和了解。面对投资人时，要做到比投资人更懂得自己将要创业的产业领域：产业的现状、产业的上下游、产业的颠覆点、未来的发展空间在什么地方等，都应该有充分的了解。

第四，要列一个跟投资人交流的问答清单。在家演练问答，把投资人有可能会问的问题先列出来问自己，十遍、二十遍，训练自己的口头表达能力，直到能给出非常严谨、完整的答案为止。问答清单要包括三点：创业要做的事情有没有说服力；创业内容有没有核心性；这件事能不能做成。

在跟投资人见面的时候，尽量在短时间内留给投资人一个最好的印象，获取最好的结果，这是在面对投资人前需要做的一些准备。

新媒体创业要把握的两个风口

尽管风口是个网红词，但的确比较容易直观地帮助理解互联网和创业风向。当下新媒体创业，我认为主要把握住两个机会：新渠道带来的流量红利，社会心理变化带来的内容新需求的红利。这两点变化任何一个把握好了都有创业的机会。

首先是新渠道带来的流量红利。很多时候说到新媒体、自媒体，我们第一时间想到的可能是微信公众号，但实际上新媒体是一个概念，新媒体不等于微信公众号。2014 年，微信公众号有微信自媒体流量红利的阶段，现在没有了。2016 年是今日头条，那个时候供给端竞争激烈，受众迅速地扩大，很多流量像红利一般过来，2017 年和 2018 年带动流量红利的新渠道就是抖音、快手等。因此新媒体不等于任何一种形式，而是新渠道带来的内部机会。渠道红利是新媒体创业里面必须把握的。

其次是社会心理变化带来的内容新需求红利。主要消费者年龄的变化，“90 后”“00 后”和前几代人消费需求完全不同，他们的喜好、口味甚至伦理道德观都不尽相同。如果继续中规中矩地做内容，满足普世化的需求，竞争会无比激烈。与其这样不如把握新的代际过程中产生新的内容需求，先在市场上站住脚之后，再满足普世性需求，这是撬动产业非常好的支点。有个对创业者很重要的词是“国民总时间”，一个国家人民的总时间是固定的，所有的内容都是在国民总时间里面抢占一块自己的区域。对创业公司最合适的就是关注新的内容空间，抢到自己的空间才能抢到时间。

投资企业要聚焦时代特性

面对新媒体创业的两大风口，内容是最好的宣传载体。

对于创业公司的内容传播，青山资本提炼了三个要点：第一，标签化。找准细分人群，知道目标用户是谁，给内容打一个很好的标签，并通过这个标签直接有效地触达目标人群。第二，情感化。在有可能触达到用户的时候，内容要和用户产生共鸣，拥有情感连接。用户并不会为企业自认为很好的内容买单，因此需要跟用户产生情感关联、产生交流，讲述美好的故事，让用户对企业形成认知并产生好感。第三，聚光灯效应。绑定流量节点，绑定自带流量的人或事，利用流量中心达到事半功倍的效果。

青山资本投资的很多企业都利用了内容传播的要点，获得了较好的发展。

“花点时间”成立于 2015 年，青山资本在 2015 年 4 月投了天使轮。“花点时间”是一家互联网订阅式鲜花公司，订花可以包月或者包季度、包年，之后每周一或者周六让用户来选花并送到指定的地方，让鲜花成为生活用品，而不是礼品。青山资本投资后，一年时间销售规模涨了 200 倍，从开始时每月不到 20 万元的销售额，到 2016 年每月有 4000 万元的销售额。

“花点时间”就是充分把握住了渠道红利带来的机会，并且较好地使用了情感化和聚光灯的效应，利用微信自媒体的最后一波流量红利成功崛起。他们在微信公众号上发布大量能够触动人心的内容，衔接小美好、小确幸，让鲜花成为“对自己好一点”的生活理念，获取了大量种子用户，促进公司规模化成长。青山资本还邀请了与之气质匹配的高圆圆女士作为投资人，她也为公司品牌带来了流量。

青山资本于 2017 年 3 月投资“找靓机”。“找靓机”是做二手 3C 类商品的电商，二手 3C 产品的电商 App，就叫“找靓机”。用户可以从“找靓机”买到质量好的次新电子产品。它的崛起渠道是今日头条，把握住了今日头条流量爆发性增长带来的红利，发布可量产的、生产成本低的短视频内容：“测评这两款手机哪一个更好”“如何使用 iPhone 里面的你不知道的功能”等视频内容，精准触达喜好科技产品的人群。“找靓机”公众号内容非常聚焦，基本上看上去非常“直男”，通过这样非常标签性的内容，触达到这些对二手 3C 用品有购买欲望的人群，也是比较好地使用了聚光灯效应。

“汪仔饭”的口号叫做“软狗粮、易消化”，不停在传播平台上传播“易消化”，精准定位养狗人群，利用 2018 年上半年抖音迅速增长带来的流量红利，成功崛起。“汪仔饭”没有做今日头条，是因为“汪仔饭”错过了今日头条的红利时机，更没有做微信公众号。

通过这三个例子，可以看到，创业公司和投资人要把握住技术风口和人性风口，抓住标签化、情感化、聚光灯效应等关键点进行内容传播，通过优质的内容撬动产业的流量。

从 2018 年的第二季度开始，行业普遍认为资本进入了寒冬。青山资本受到的影响比较小，因为青山资本做了些事情，在寒冬中并没有得到太大的压力。

主要是三件事情：

第一，在方向上，青山资本选择的消费行业是一个比较“抗寒”的方向。资本是周期性的，可能有几年的上升、有几年的回调、有几年的低谷再回升。而消费是基础需求，消费企业比较稳定，所以这个方向拥有抵御周期或者说穿透周期的能力。

第二，管理好预期。中国的市场足够大，中国的创业公司特别多，而且能成长起来的也比其他国家要多。市场很大，青山资本只需把握住自己的那一部分就可以，预期管理会减少很多的焦虑。

第三，提前预判。2018 年初，青山资本就隐约判断到了下半年的市场状况，从 2018 年上半年开始，就做了很多的策略：上半年迅速地减少投资的数量，降低投资的速度。上半年放缓，下半年在别人都很恐惧观望的时候，再迅速地投资。提前预判下的这种短期策略，使得在这样一个市场环境下青山资本压力更小。

对话张野

价值投资是关键的底层逻辑

赵音奇：当时想到换跑道的时候为什么切入的是天使？而不是其他的投资阶段，比如 VC 或者 PE。

张野：因为天使投资和 VC、PE 有一个很不一样的地方，在于它有新进入者的空间，或新进入空间比较大。对于 VC、PE，或者说其他的金融领域的金融机构，能力和资历是成正比的，也就是说你在行业里面越久，你的资历、经验、资源越多，在这个领域里面反馈出来的工作效果就越好。而对于天使投资，由于比较强的路径依赖和惯性思维，拥有太多经验和过度的资历可能是种阻碍。当一个投资人经历过 BAT 的年代，脑中可能形成一种 BAT 如何成功的模型，而这个模型对现在的创业公司来讲却不一定适用，反而会影响现在的判断。

赵音奇：您说天使是一个相信的生意。这个相信或者信任会不会有很多的感情在里面？

张野：我们会尽量地去避免和创业者产生太多的情感纠葛，因为情感或者情绪在投资决策中是非常大的阻碍。很多的投资人都一面在提高自己投资能力、判断的准确性，一面去规避那些有可能会对投资决策影响产生偏差的元素，比如情感因素。如果投了一家创业公司，而和创始人在个人情感上非常近，可能在这个企业发展过程中，在后续是否要选择持续加注或者退出的节点上，会对决策产生很大影响。所以我们会尽量跟创始人保持远近适中的距离。

赵音奇：所以理性很重要，但是会有一个基本的底层逻辑支撑您的基本决策吗？

张野：首先，底层的逻辑是有一些共通的，比如说巴菲特老前辈每天都在提的“价值投资”。VC 或者天使就是价值投资贯彻得最好的投资行为。做股票或者做其他证券类投资，可能会有很多除价值投资之外的因素，比如投机、短期套利等，但早期投资做的投资决定都是价值投资，如果没有价值的话这场投资就失败了。所以价值投资是一种最关键的底层逻辑。其次，就是肯定要“投人”——对创业者的判断。无论什么样的生意，无论多大的企业，由谁来做都是最重要的。初创企业时看人，到企业的后期也还是一样的看人，所以这也是底层不变的逻辑，对人的判断。

赵音奇：有一个观点说：投人或者投一个想法（idea），这只是一个传说，事实是投对了行业。您赞同这个观点吗？

张野：我部分认同。现在中国做成一定规模的科技互联网公司，没有几家是现在做的事情和当初还一样的。比如今日头条，是最近几年成长最快的公司，最新一轮融资投前估值达 750 亿美元，远超过了美团、滴滴、京东、拼多多，最初拿 A 轮的时候张一鸣做的是九九房、内涵段子，一边摸索一边迭代最后做出来今日头条。所以今日头条的天使投资人，并非判断好了所谓的流媒体智能推荐这个行业才做的投资决策。不止今日头条，几乎 90% 的大型科技互联网公司最初拿到天使投资时，都不是现在成功的方向。所以天使投资是一门投人、投团队的生意，同时也有必要看创业者做的行业，通过做这个行业的难易程度，让投资人知道创业者是否能支撑到有条件转型的能力。

提问者：前段时间有些公司被曝出数据造假的情况，有人认为这是投资机构跟企业合谋做大企业的估值，还有人认为这是 to VC 的模式造成的。您怎么看待数据造假的现象和 to VC 的创业模式？

张野：过去几年商业模式里面，要么 to B，要么 to C，目前出现了 to VC 的创业模式，他们需要一份亮丽的数据。但这些 VC 在这个市场上已经存活了很多年了，他们对背景调查、数据调查这件事情已经极其专业，且市场上有很多专业提供这类服务的公司，比如说四大会计师事务所、律所等帮做公司真实性的调查。一个公司如果融了很多轮，很多机构进来，经历过这么多次专业机构的调查，最后被媒体曝出来，那是说明这个媒体的调查和分析能力超过了此前的所有机构吗？这很难确定。

自我提升是投资最关键的事情

赵音奇：刚才提到了国民总时间，您的时间也是有限的，但是要做很多件事情。那么您一年能够接触到多少项目？您的时间是怎么来分配的？

张野：目前我的个人邮箱里面有 11000 封未读的商业计划书，还没来得及读，也不知道什么时候消化完。每年我们接触的项目没有办法数，我的个人时间几乎除了睡觉之外，绝大部分的时间都在工作上面。没做天使投资之前，我以为这个行业是自由的、智慧驱动型的自在工作状态，但进入之后，发现这是一个体力活——拼的是能在高强度的工作下能够健康工作多少年的能力。

最多的时间是用来获取行业里面最前沿的信息。通过各种各样的渠道获取，通过与人打交道，通过学习、读书，通过关注大量优质内容等渠道，去做这些自我提升的事情。看项目的时间反倒较少，每天可能只有 1/10 的时间真正看项目。

赵音奇：自我提升对您看项目的作用和帮助是什么？

张野：自我提升是比项目的阅览积累量更重要的事情。因为投资是最好的认知变现的生意，有多高的认知就能赚多少钱，很多人把投资当作人生最后的职业，他们将人生过去的 40 年的积累让认知达到一定的高度，再做投资。所以不断提升自己的认知是投资最关键的事情。

提问者：您在看项目的时候不仅仅看重一个项目，更加看重的是创业者。那么怎样的创业者，算是值得投资的？您看人的标准是什么样的？

张野：每个时代都会有对应的企业家画像。比如 20 世纪 80 年代中国改革开放之后第一批能称作企业家的人，90 年代有了《公司法》之后第一批出来的企业家，21 世纪像 BAT 为首的企业家，这三个时代的人完全不一样，每个时代对企业家的要求也不同。如果把马化腾先生放到 80 年代，创业成功可能性趋近于零。所以我们做投资投的是下一个时代企业家的画像。对下一个时代的企业家，我们会有一个轮廓。每人心中的画像都不一样，但我们都会在意一点：创业者是否有魅力。这种魅力是指身上散发着能够打动别人的气质，能够通过打动别人的气质去说服这个社会、行业给予资源。所以简单而言，个人魅力是非常重要的品质，除了其他的各个常规的元素之外，我们会看重一个人是不是有感染力，能打动别人。

面对投资“风口”的角度与创业的态度

赵音奇：您提到新媒体的两个风口，但是青山资本目前的投资组合里面还没有新媒体的企业。为什么不去切入这个风口呢？

张野：青山资本主要以投消费为主——各种形式的消费，但是能够和用户直接产生交易的模型的企业。新媒体是个交易链条过长的方向：通过媒体形成的流量和内容带来的用户，需要想转化方式，比如做电商变现、广告变现、社区变现和游戏变现等，这是两层难度。对一名创业者而言，第一，要有可能创造出一个有流量的媒体，第二，要有能力把这个有流量的媒体进行流量变现。这对天使投资来说，判断难度也更大。

提问者：马化腾先生说未来的十年是产业互联网的时代，您怎么看这个问题？内容创业跟产业互联网在哪个方面相结合，未来的机会在哪里？

张野："产业互联网"这个词是个很大的帽子，几乎可以扣到所有互联网商业模式上。这是马化腾先生讲话的艺术——扔出一个新的帽子。现在到移动互联网的下半场，几乎所有的互联网商业模式都是跟产业有着密切关联的，都是在对产业进行优化和整合。所以"产业互联网"是一个不会出错、在很多地方都能用上的概念。甚至投消费也就是投产业，比如说卖花，中国鲜花市场是有限的，但整个产业从种植到交易、物流、仓储，再到加工、零售，都有很多可以整合优化的空间。如果通过前端零售成为一个对后端有话语权的企业，就能成为这个产业的优化者和整合者。这就是一个典型的产业互联网的例子。

如果从商业的角度来看内容创业的话，内容是服务于产业的，独立存在的内容没有商业化的价值。但一旦把内容本身商业化，就失去了这个内容该表达的精神了。内容本身是一门艺术，艺术是不能赚钱的，你去赚钱这个艺术就变质、变味了。内容单纯的层面上是艺术，但从另一层面而言内容也是商业，是需要和产业紧密结合的。内容属于前端，可以叠加在任何层面上，所以要有条件地去选一条自己合适的产业，让内容去做辅助、支撑，这就是内容和产业的关系。

提问者：您是投资人也算是创业者，那么您觉得创业最重要的是什么？您的创业决胜秘诀，用一个词来形容会是什么？

张野：首先我在创业方面还远远没到决胜的阶段，如果说现在短期内产生了些小的成绩，那最重要的就是坚持。我们做投资的时候也完全是用创业的态度和方法在做投资。做投资不仅仅是投项目，也会有作为机构像其他公司一样面临的内容管理、规模扩张、用户获取、流量转化等问题，面临着一切跟其他创业者一样面临的问题。有一本书叫《创业维艰》，里面讲创业八年，其中只有三天是顺境，其他所有时间都是逆境。所以创业是一件难事，这个"难"是指创业的战略、策略、定位、差异化的模型等，最重要的还是坚持。成功的反义词不是失败，成功的反义词是放弃。

赵音奇：刚才您说每一个您投的项目都好比一个作品，有没有特别失败的作品？

张野：失败的作品很多，但我会选择性失忆忘掉。成功的企业大体是一样的，失败的公司各有各的不同。很多时候我们要记住成功的企业做对了什么事情，倒不太去在意失败的企业做错了什么。因为有无数种姿势让人跌倒，记住那些姿势没用，而且很可能会产生一种一朝被蛇咬十年怕井绳的心理。

资本寒冬和消费降级中的“天使观”

赵音奇：今天大家都在说资本寒冬和消费降级，您觉得未来十年会像您预言的那样是消费升级的黄金十年吗？

张野：我认为中国市场长期来看一定是消费升级的。居民消费占我国GDP的比重是39.1%，这是一个很低的水平，也就是说在GDP总量里消费还有很大的增长空间。另外就是恩格尔系数，它指的是一个居民家庭的食物支出金额占家庭总支出的比例。中国最新统计的恩格尔系数应该是29.3%，这还是在过去五年下降了两个百分点的结果，所以中国的消费市场空间是很大的。

那么，为什么讲消费降级？主要是有一部分人的消费空间受到严重挤压，尤其是中产阶级。他们的收入增速放缓，但在医疗、教育等方面的支出成本增加，并且过去大半年时间里受到股票、P2P市场暴雷、数字货币的层层围剿，所以看起来好像存在着降级的现象。但一方面这只是部分人群，另一方面这是阶段性的产物。

还有很多人说到消费分级，也就是越有钱的人消费能力越强，中产阶级或者以下人群的消费能力越弱。我觉得这不够准确，中国现在的消费市场现象用“消费折叠”来形容更合适。消费折叠就像是以前我们小时候学澳门赌王扑克牌，其实是拿胶带折叠在一块的。中国的消费市场现在有很多的横截面，不同的横截面里面的消费景象是完全不一样的，而且每一个横截面之间的理解是隔离的，信息也是隔离的。作为创业公司来讲，在中国这么大的市场里，能够满足任何一个横截面的需求，就能成为一个有一定规模的企业，这个机会是非常大的。

提问者：崔永元先生在传媒大学开的面馆，每碗只卖十几元，您认为是消费升级还是消费降级呢？

张野：崔永元先生的面每碗十几块钱，消费者觉得好吃那就是消费升级。消费升级并不意味着产品价格越来越高，而是给你提供更好的产品、服务和更好的流通环节。一切消费升级的考核指标都是“更好”这两个字，跟价格没关系。

提问者：当拼多多上市时几乎很多公众号以及网站都在宣传，当时提到消费降级蛮多的，那对于苹果宣布将拼多多从 Apple Store 当中下架，您觉得是否是一个市场信号？

张野：拼多多在过去几年的创业企业里确实是个可圈可点的企业，暂且不讨论拼多多现在的数据是否如所公示的一样，在创业这件事上，拼多多确实做了一个很好的示例。首先是让年轻人知道，在大型的互联网公司已把各个领域占满的时候也一样有创业者的市场份额，一样可以在夹缝中杀出一条血路来。其次是让人知道，原来中国还有很多没有被满足的需求，等待着年轻创业者去实现。所以拼多多其实是一个旗帜型创业公司，瑕不掩瑜，是值得被市场保护的，应该给予一个充分的空间。如果这样的公司都不被认可、备受挤压，创业者以后会更难有前进的热情。

2018 年 11 月 27 日

张野，青山资本创始合伙人。美国康奈尔大学 MBA，清华五道口金融学院金融管理硕士，莫斯科柴可夫斯基音乐学院作曲硕士。青山资本是专注在 TMT 和消费领域的早期风险投资机构，青山资本和张野曾获得“中国十大早期投资机构”“中国十大新锐投资人”等奖项。代表案例包括小赢科技（NYSE：XYF）、花点时间、悟空保、找靓机、Bit－Z 等。

后　记

本书的一位内容贡献者樊登在讲到创业心法时说，一旦找到解决的问题和正确的模型，就可以实现指数级的增长。2017 年春，当何海明教授邀请我参与一门新课的筹备时，我没有想到这门课能成为中国传媒大学乃至中国高等教育教学探索的一个新物种。

现在回顾起来，我们最初简单的设计，却触摸到这个时代的脉搏。

这是创业的时代。国家鼓励大众创业、万众创新，据说每天有一万家新的创业公司诞生。新媒体、互联网成为创业的热土，我们的课程关注新媒体领域的创业与创新。何海明教授在这套丛书的第一本《时间战场》中写道，“新媒体天生的开放性和包容性，使个人（媒体人、创业者）离开平台或者不依赖平台，就能成就一番事业”。我们正处于个人觉醒、个人自主的创业时代，在这个大潮中，数以万计的年轻人对于创业和创新的知识有着强烈的学习欲望。

有了对于创业创新的知识需求，如何供给和满足？我们适逢一个开放与包容的时代，大学不再拥有围墙，中国传媒大学也在鼓励教学方式的创新。既然创业与创新本就是企业家驱动的，既然涌现了那么多优秀的个人创业者，不如就把他们请到大学的课堂上，提供来自一线的经验和思考。而现在的大学生也让我们感到惊喜，他们懂得倾听，倾听创业榜样的分享；他们并不盲从，会向榜样们提出质疑，这恰恰是大学的价值所在。

当我在参加中国传媒大学通识教育核心课的评审答辩时，有专家问我这门课程如何持续地保持高品质，兄弟院校也问过我相同的问题。其实这就涉及这门课程的独特模式。课程第一季的嘉宾罗振宇说，这门课是“秀一秀何海明教授的朋友圈”。我们不否认何海明教授的个人资源是这门课冷启动的重要条件，他请来的重量嘉宾在一开始就为这门课奠定了基调。

但是，当课程进行完第二期，马上要迎来第三期，我们越来越相信支持这门课走下去的是课程模式的力量。简单来说，这门课的课程模式具有以下几个特点。首先，正如前面所说，这门课是一种开放的、大讲堂式的授课模式。其次，“形散而神不散”，课程围绕新媒体创业的基本规律和主要赛道设置了清晰的知识模块。这样，我们课程的价值就不在于某个知名人物，而是沉淀为课程的知识体系。最后，采用社会化、平台化的运作模式，以实现课程的持续化运作。开设这门课的投入很大，这门课一定要有造血能力，因此课程采取了品牌赞助的方式。通过品牌赞助，保障课程的品质，实现课程的全网直播，进而产生广泛的影响。有了影响之后，就能吸引更多的人来关注这门课程。

这门课现在已经不是我们在有限的范围内邀请分享者，而是成为一个创业者布道、雇主形象传播、创业资源对接的平台，有越来越多优秀的企业家、创业者、媒体方寻求加入，课程得以越做越好。

因此，这门课程成为一门不断迭代和进化的课程。2018 年秋，新媒体创业与创新课程进入第二期，与第一期相比，课程在原有基础上做了两点升级：其一，本期课程由中国传媒大学广告学院和腾讯媒体研究院联合主办。腾讯媒体研究院是腾讯旗下为推动媒体实践、赋能内容生态设立的机构，它的腾讯芒种特训营在业内有着很高的知名度和影响力。有了腾讯媒体研究院的加入，使课程能够更加准确和全面地对接业内的需求。其二，本期课程聚焦内容行业，从行业角度，覆盖了内容平台、内容创业者、内容创业服务平台以及投资者；从内容角度，涉及内容生产、IP 打造、内容运营、知识付费与内容变现等焦点问题。

最终，我们把第二期课程的成果沉淀下来，结集成书，本书以内容创业为主题，以内容平台、知识付费、内容 IP、商业创新为主轴，包含了 14 位专家的演讲内容，以及与主持人、与师生之间的互动内容。一门课的内容出版成书，就是希望帮助更多的读者，包括正在投身内容创业或者对于内容创业感兴趣的人，媒体的从业者，以及相关高校的学生，希望你们都能够从本书得到激励和启发。

本书的编辑首先由主编、副主编进行选题策划和大纲设计，然后由中国传媒大学广告学院团队分工进行整理、注释和编辑①，经嘉宾审看之后，最终由主编、副主编对统稿进行审定。书中如有纰漏和错误，文责由编辑承担。图书出版的背后是整个课程团队的辛勤付出，他们包括课程教学团队何海明教授、杜国清教授、陈怡老师和我，拍摄和直播团队张津老师、毛佳兴、十一号传媒

---

① 研究生苏威祺初步整理张强、贾伟的演讲稿；研究生潘今语初步整理李政、林少、刘建宏的演讲稿；研究生陈栩臻初步整理伍昕、高群耀、陈晓卿的演讲稿；研究生徐嘉欣初步整理樊登、徐达内、张野的演讲稿；本科生郑天伊初步整理姚飞、周洲、王宇翔的演讲稿。

的伙伴们，何海明教授的研究生和部分学院学生参与了课程的执行，向团队的所有成员致以谢意！感谢中国传媒大学和广告学院有关部门和领导的大力支持！感谢联合出品方腾讯媒体研究院，梁姗姗、罗美丽为提高课程品质给出了建议。感谢校宣传部陈作平部长、刘帆和学院符绍强老师帮助课程在校内传播。感谢腾讯新闻提供直播，感谢中国广告博物馆提供场地。

每次课程，当看到创业者充满激情、毫无保留的分享，当看到数十万人在直播端观看，我们意识到我们在做的是不平凡的事情。希望当读者们拿到这本书时，和我们一样，回到讲台下，共同感受新媒体创业与创新的梦想，找到路标，从此出发。

中国传媒大学广告学院

马　澈

2019 年 4 月